AF450646

ORGANISATION DU TERRAIN

DEUXIÈME PARTIE

ORGANISATIONS DÉFENSIVES
Études de détail

Capitaine MORIN

PLANCHES

Vu et approuvé :

Le Général BASSENNE,
Commandant le Génie de l'Armée.
Signé : BASSENNE.

IMPRIMÉ AU G. C. T. A. IVᵉ
—
20 Février 1918

ORGANISATION DU TERRAIN

DEUXIÈME PARTIE

ORGANISATIONS DÉFENSIVES
Études de détail

Capitaine **MORIN**

PLANCHES

TABLE DES PLANCHES

TYPES DE PIQUETS
POUR RÉSEAUX

Croquis n° 1

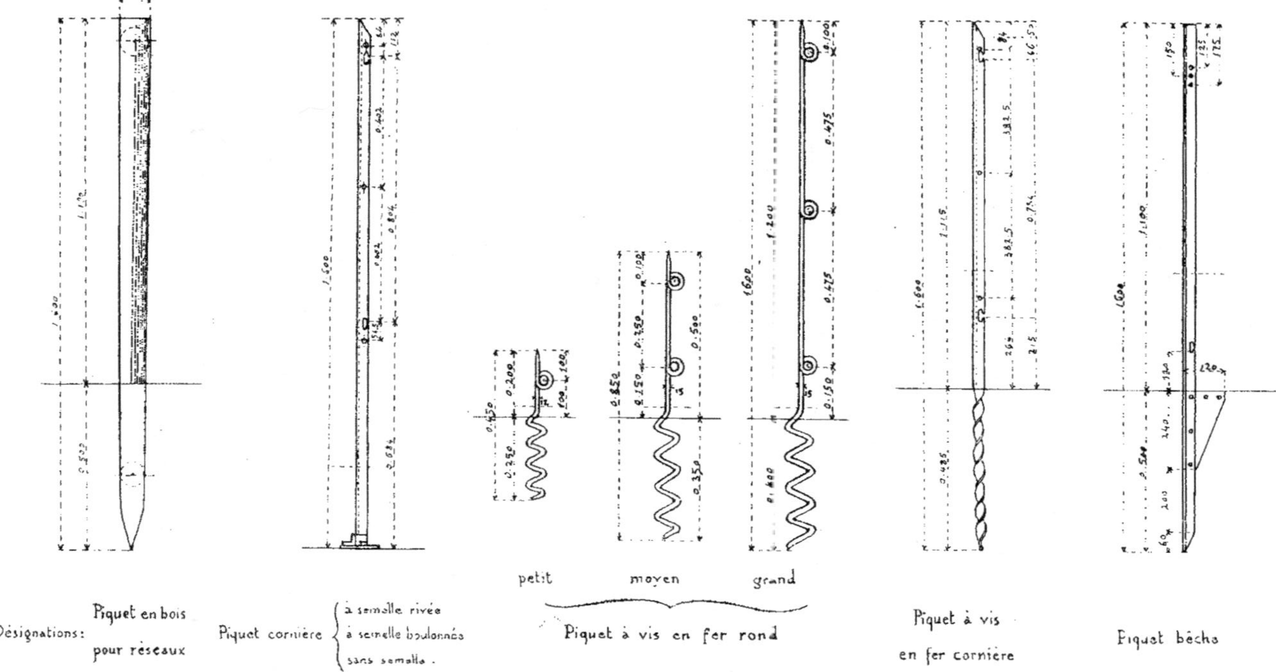

CONSTRUCTION
D'UN RÉSEAU NORMAL

Pose du fil à l'avancement

Panneaux du plan.

Panneaux du paravent.

Panneaux du plan.

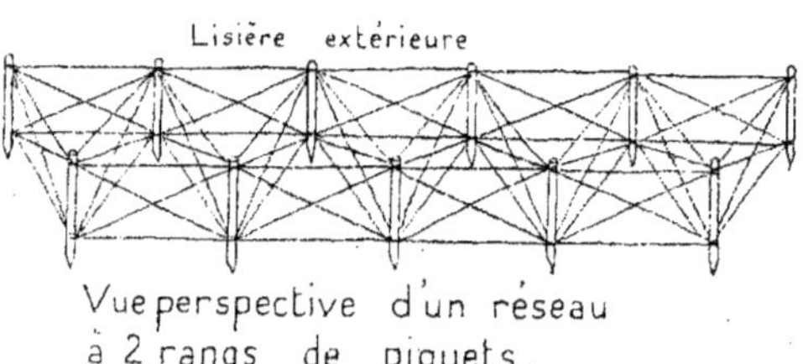

Vue perspective d'un réseau
à 2 rangs de piquets.

Schéma A

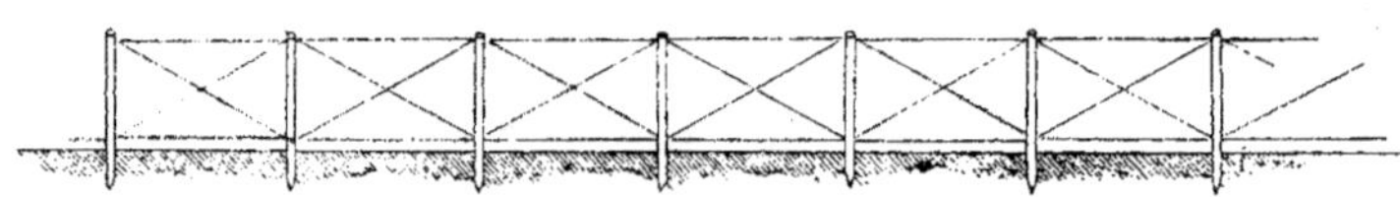

Pose du fil suivant les panneaux du plan.   (2 équipes)

Schéma B

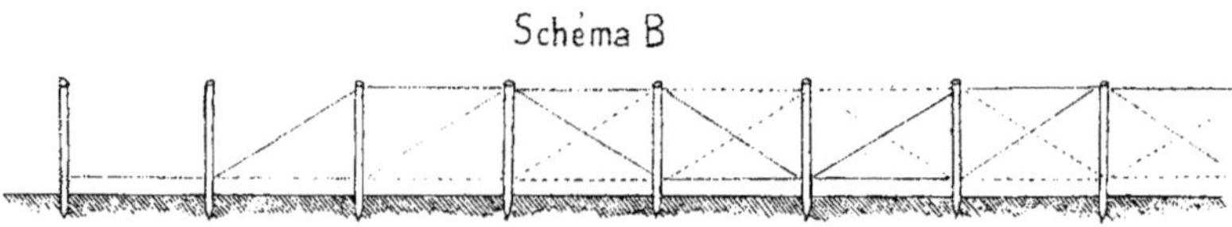

Pose du fil suivant les panneaux du paravent.   (4 équipes)

CONFECTION
DES
BOUDINS RIBARD

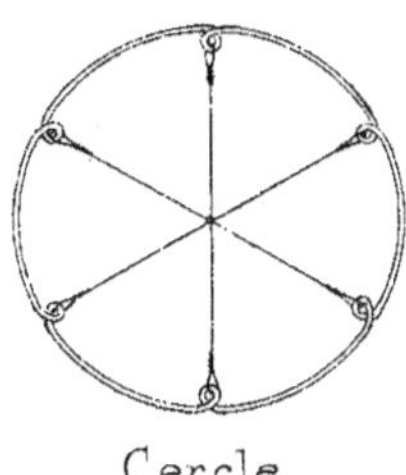

Cercle

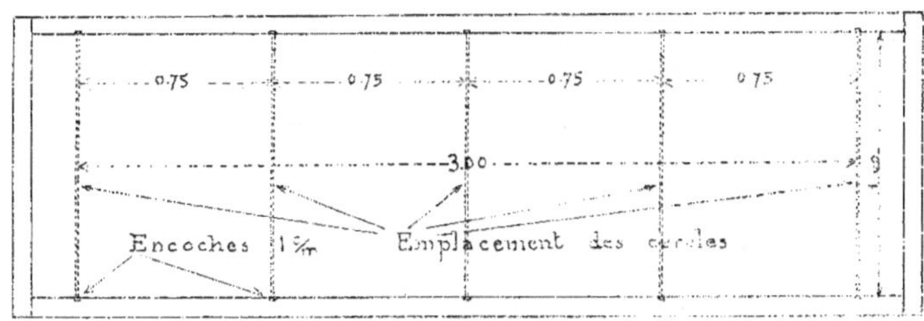

Cadre pour le montage du boudin.

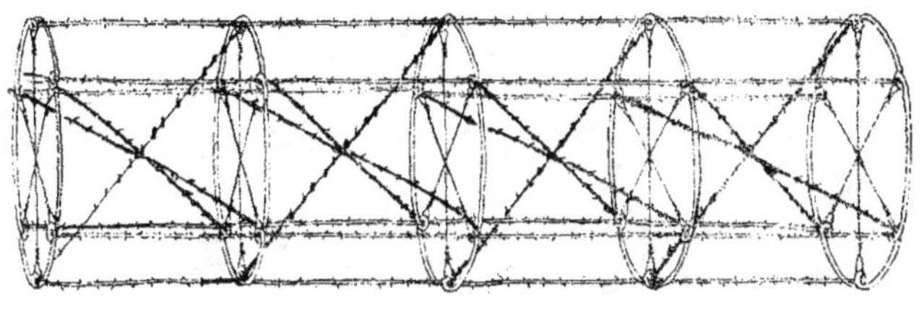

Vue perspective d'un boudin

CONFECTION DU RESEAU MARGOT

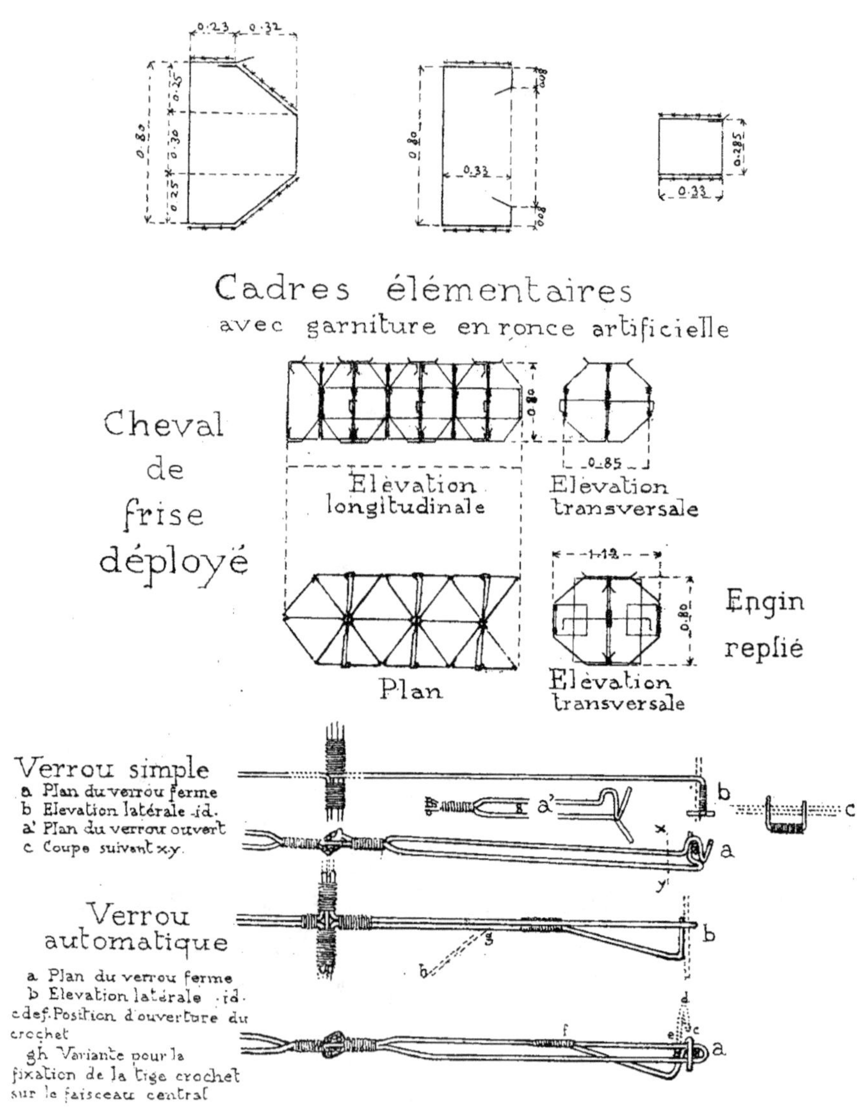

CASEMATE RECTANGULAIRE
POUR MITRAILLEUSE

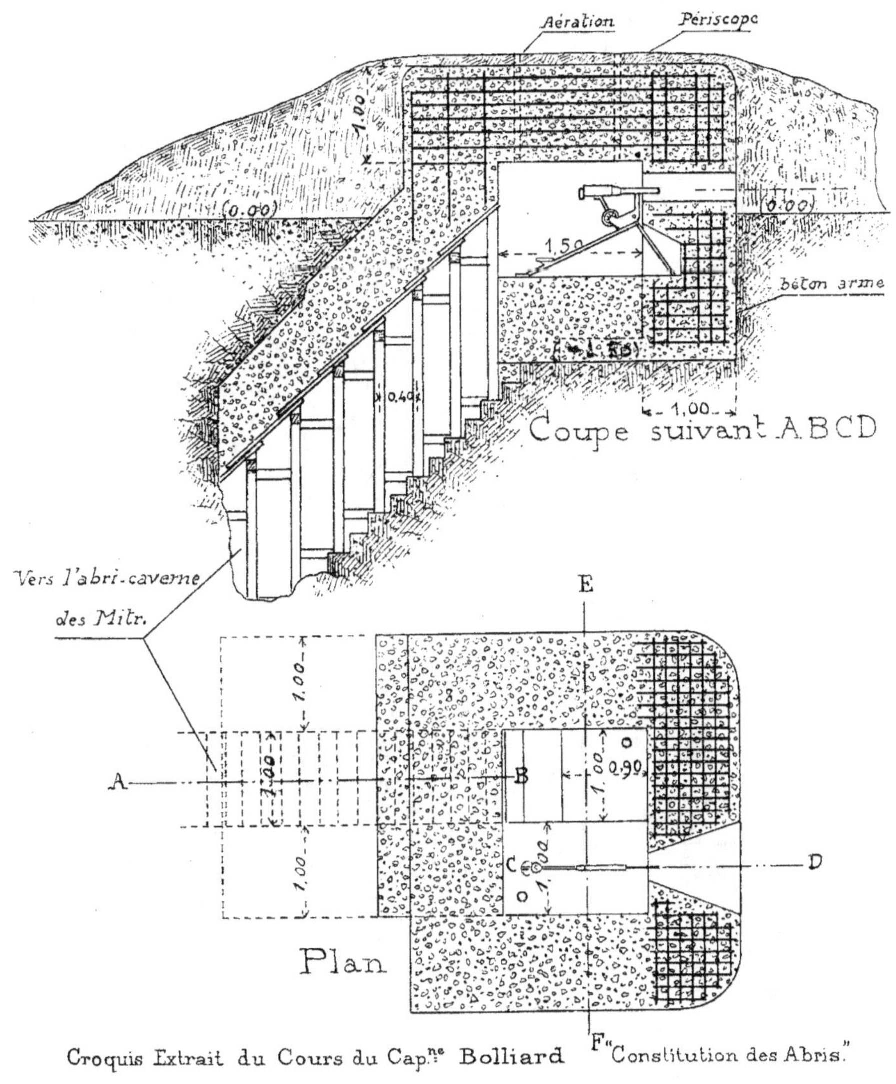

Croquis Extrait du Cours du Cap.ne Bolliard "Constitution des Abris."

CASEMATE HEXAGONALE
Pour Mitrailleuse ou F.M.
Préconisée par le Général Bassenne

Croquis n° 6

(Note n° 9088/3 du 24 Octobre 1917)

Plan à hauteur des créneaux

Echelle 1/25

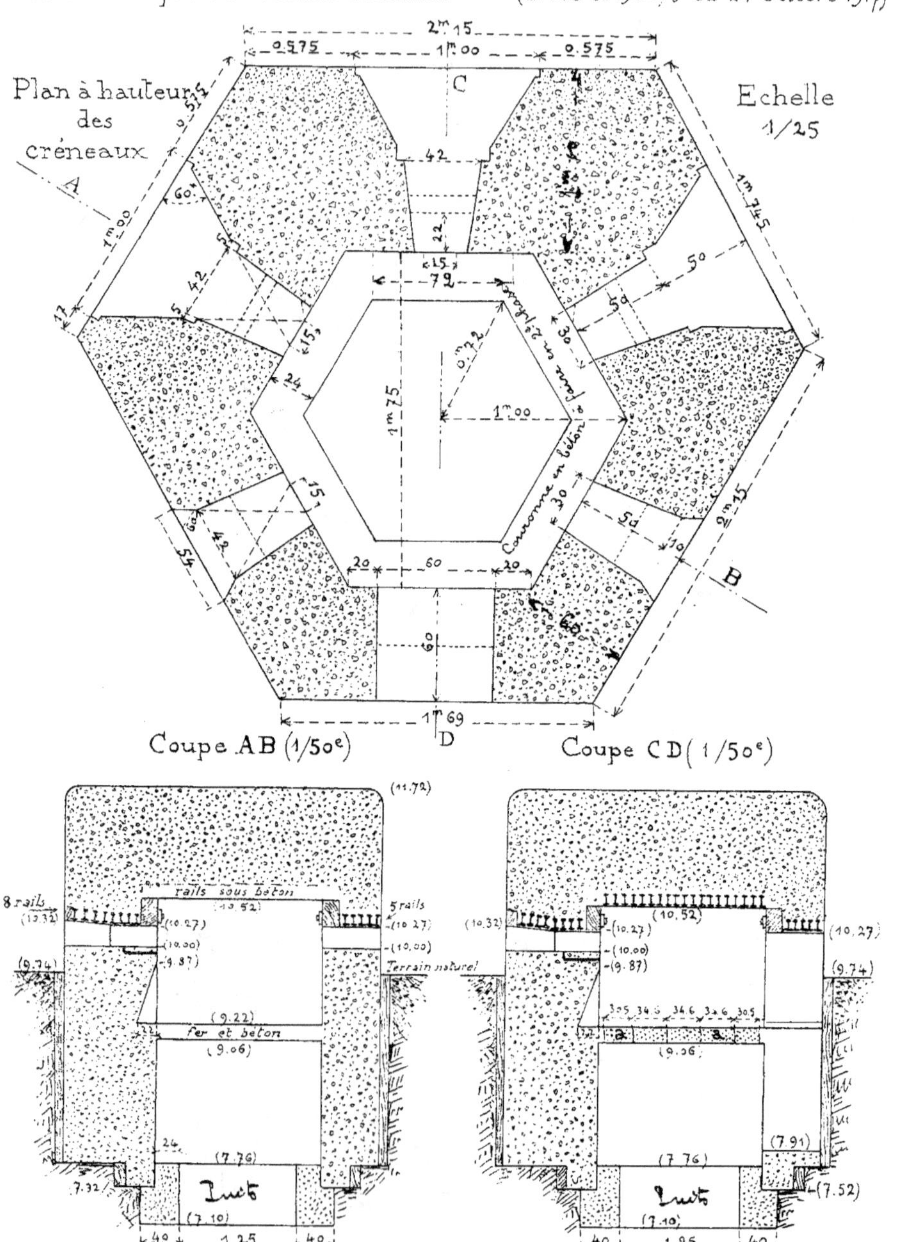

TYPE DE CASEMATE CUIRASSÉE POUR MITRAILLEUSE

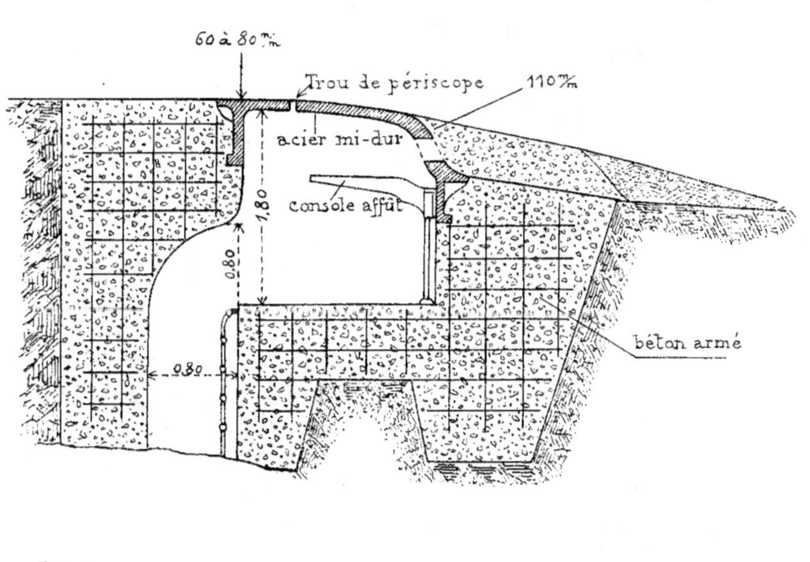

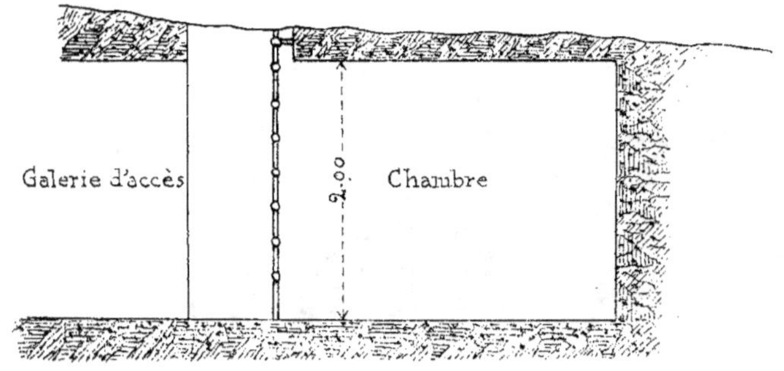

EMPLACEMENTS DE MITRAILLEUSES EN TROU D'OBUS

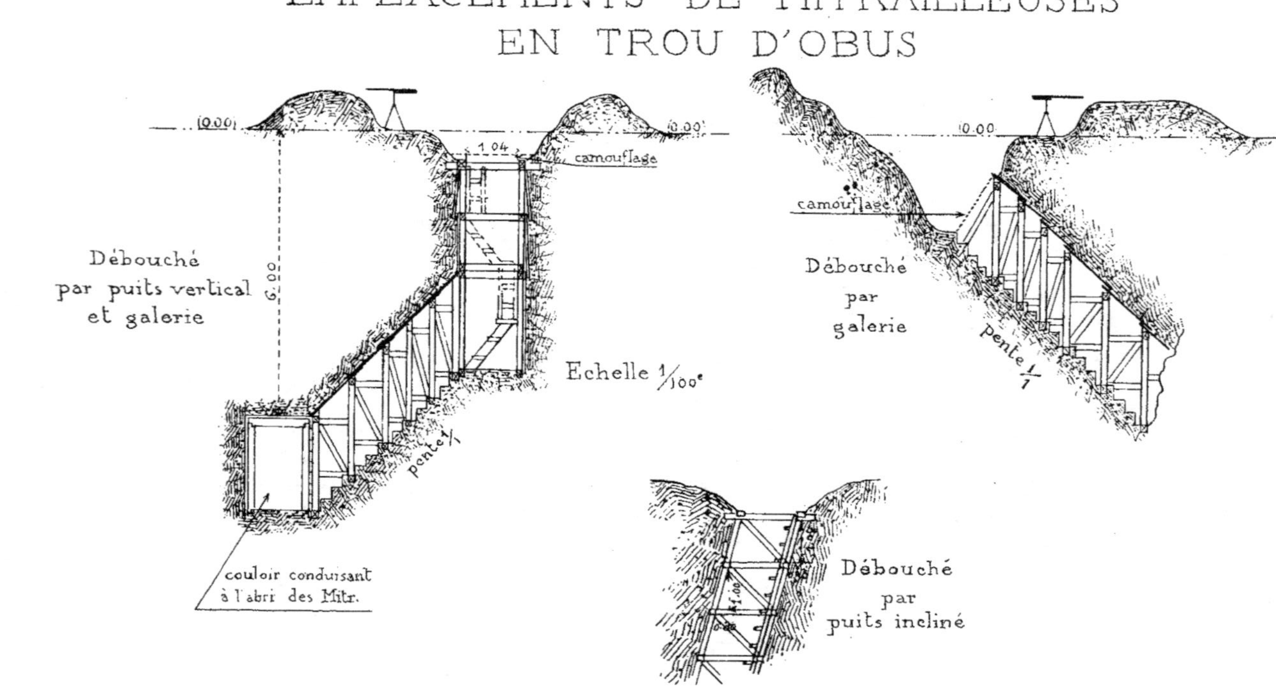

TROU DE MARMITE BÉTONNÉ

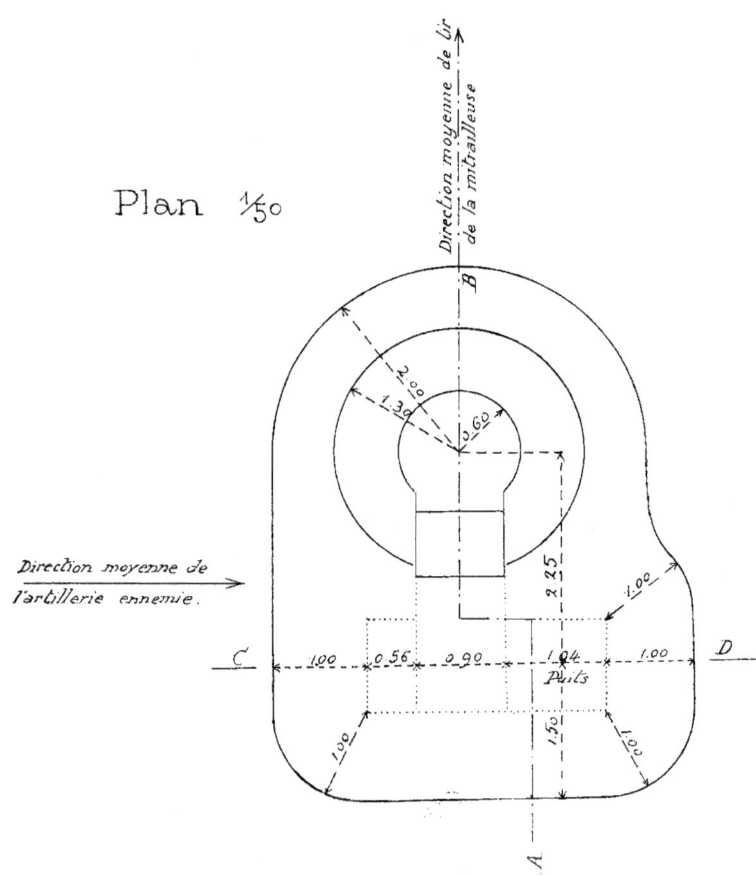

Nota._ La disposition est à adapter dans chaque cas particulier
suivant les directions moyennes de tir de la mitrailleuse
et d'arrivée des coups ennemis.

TROU DE MARMITE BÉTONNÉ (Suite)

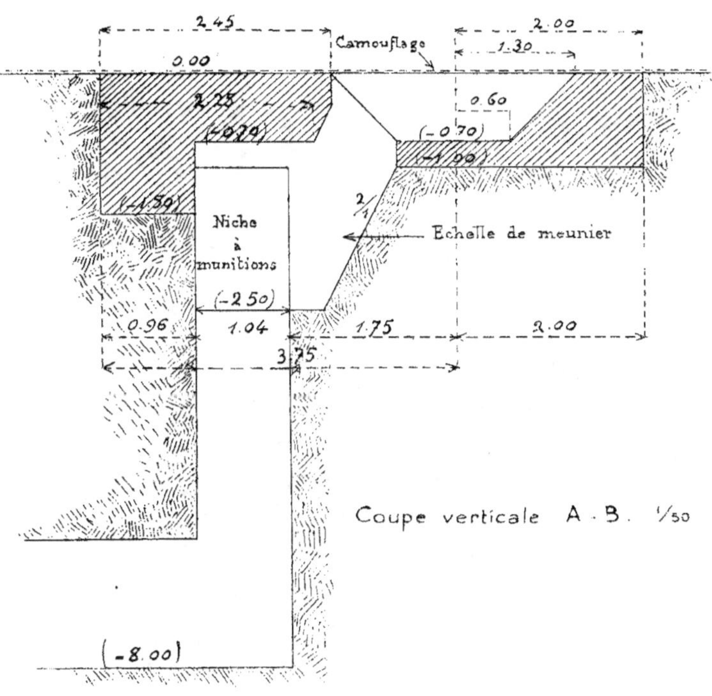

Coupe verticale A·B. 1/50

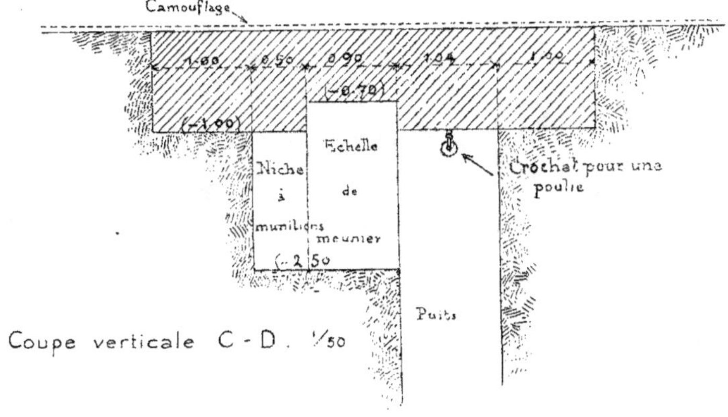

Coupe verticale C·D. 1/50

TYPE D'EMPLACEMENT
DE MITRAILLEUSES, ALLEMAND
Construit en Mai 1917
dans le secteur de Steenstraet.

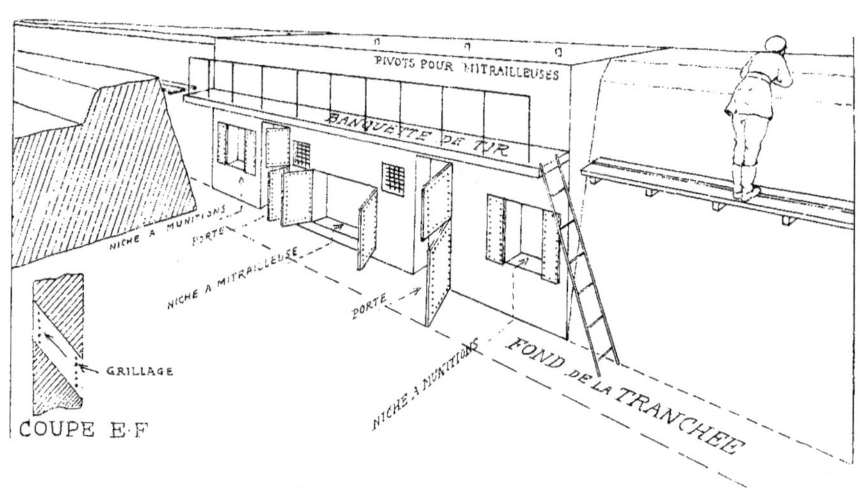

FAÇADE SUR LA TRANCHEE

Etude

d'emplacement bétonné de mitrailleuse

avec cuirassement léger

Echelle : $\frac{1}{50}$

Coupe verticale A B

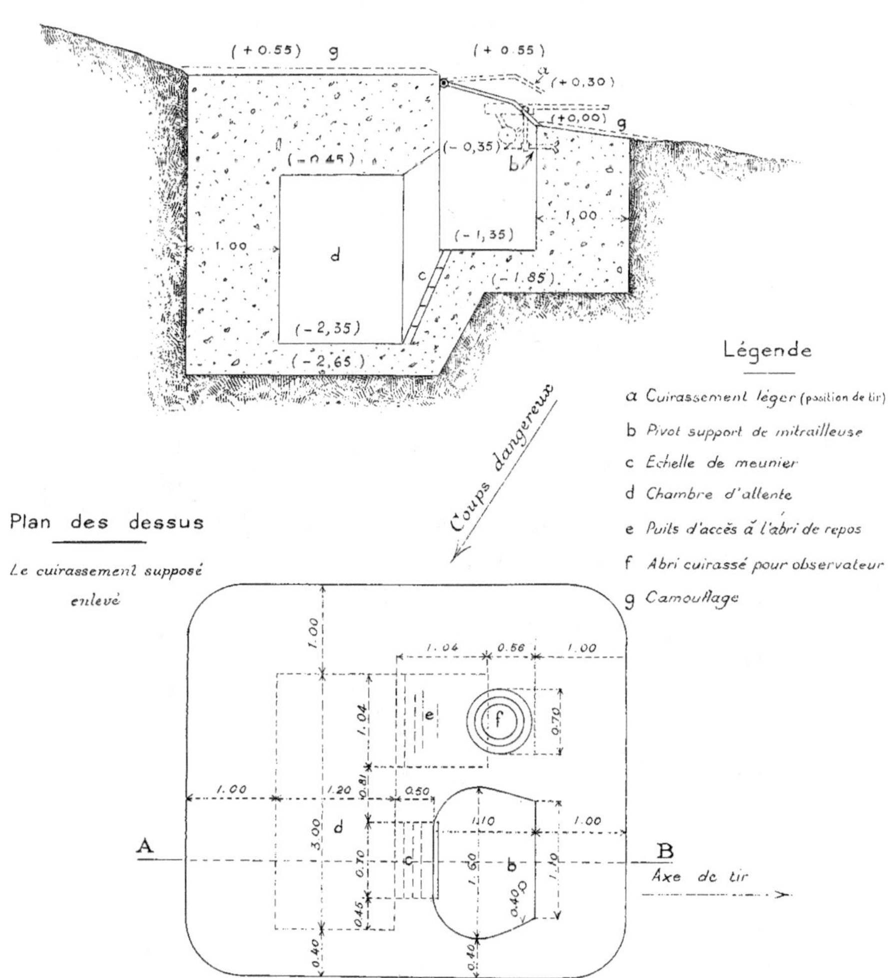

Légende

a Cuirassement léger (position de tir)

b Pivot support de mitrailleuse

c Echelle de meunier

d Chambre d'attente

e Puits d'accès à l'abri de repos

f Abri cuirassé pour observateur

g Camouflage

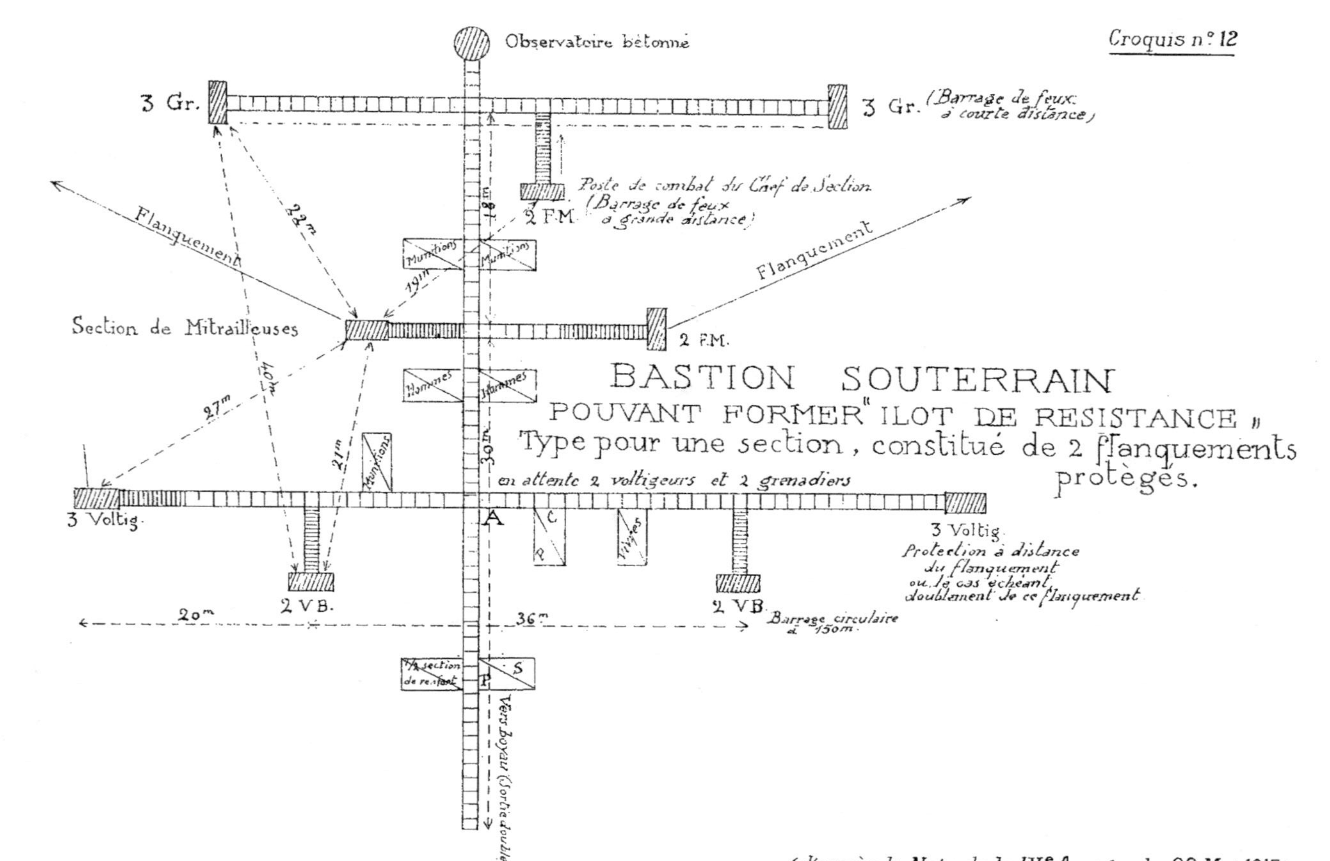

Croquis n° 12
Observatoire bétonné
3 Gr.
3 Gr. (Barrage de feux à courte distance)
Poste de combat du Chef de Section
(Barrage de feux à grande distance)
2 F.M.
Flanquement
Flanquement
Munitions
Munitions
Section de Mitrailleuses
2 F.M.
BASTION SOUTERRAIN
POUVANT FORMER "ILOT DE RESISTANCE"
Type pour une section, constitué de 2 flanquements protégés.
Hommes
Hommes
Munitions
en attente 2 voltigeurs et 2 grenadiers
22m
19m
40m
27m
21m
30m
3 Voltig.
A
C
P
Tirés
3 Voltig.
Protection à distance du flanquement ou le cas échéant doublement de ce flanquement.
2 V.B.
2 V.B.
Barrage circulaire à 150m.
20m
36m
½ section de renfort
P
S
Vers Boyau (Sortie double)
(d'après la Note de la IVe Armée, du 22 Mai 1917)

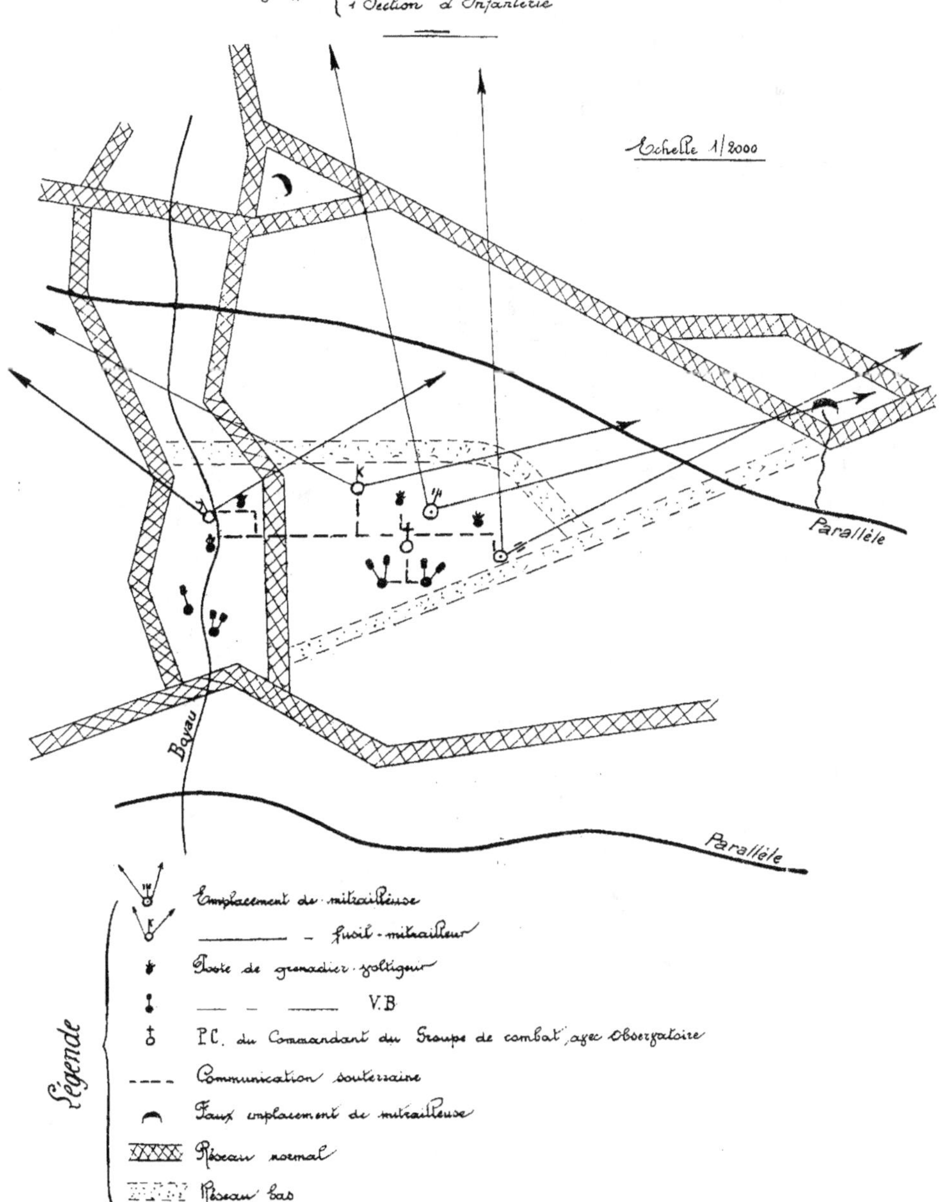

Exemple d'organisation
pour groupe de combat
établi entre deux parallèles

Effectif : { 1 Section de Mitrailleuses
             1 Section d'Infanterie

Echelle 1/2000

K

Parallèle

Boyau

Parallèle

Légende

Emplacement de mitrailleuse
― ― ― fusil-mitrailleur
Poste de grenadier-voltigeur
― ― ― V.B
P.C. du Commandant du Groupe de combat avec Observatoire
Communication souterraine
Faux emplacement de mitrailleuse
Réseau normal
Réseau bas

PROJET SOMMAIRE D'ORGANISATION DE MITRAILLEUSES
POUR LA COUVERTURE DE CONTRE-ATTAQUES

Schema de l'organisation 1/200 environ

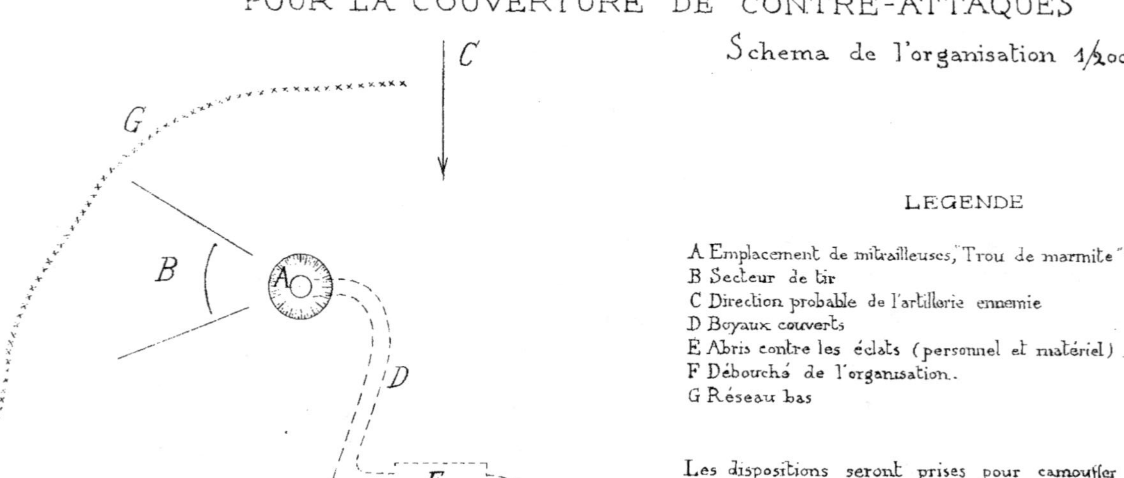

LEGENDE

A Emplacement de mitrailleuses, "Trou de marmite"
B Secteur de tir
C Direction probable de l'artillerie ennemie
D Boyaux couverts
E Abris contre les éclats (personnel et matériel).
F Débouché de l'organisation.
G Réseau bas

Les dispositions seront prises pour camoufler l'organisation tant pendant la construction qu'après coup, de manière à soustraire les emplacements aux vues de l'ennemi.

Prévoir à l'emplacement le plus favorable, un abri de guetteur type S.T.G.

COMPARAISON DES ELEMENTS CARACTERISTIQUES DES TRANCHEES FRANÇAISES ET ALLEMANDES

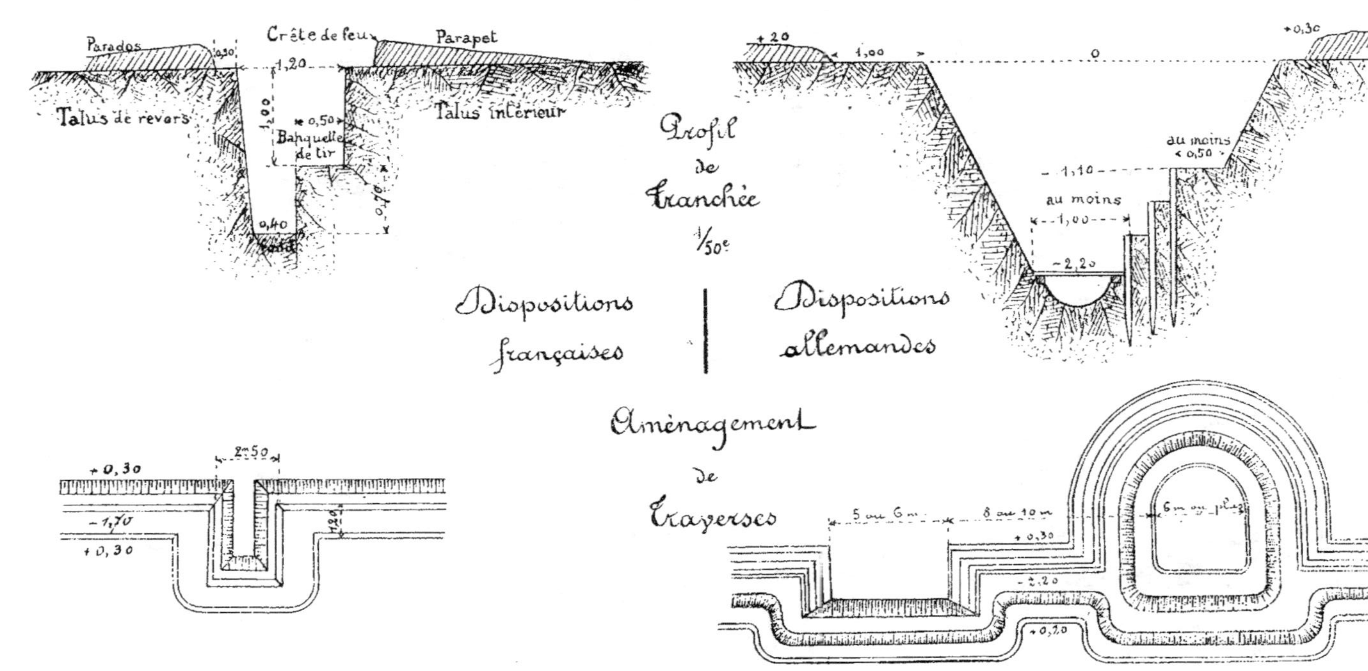

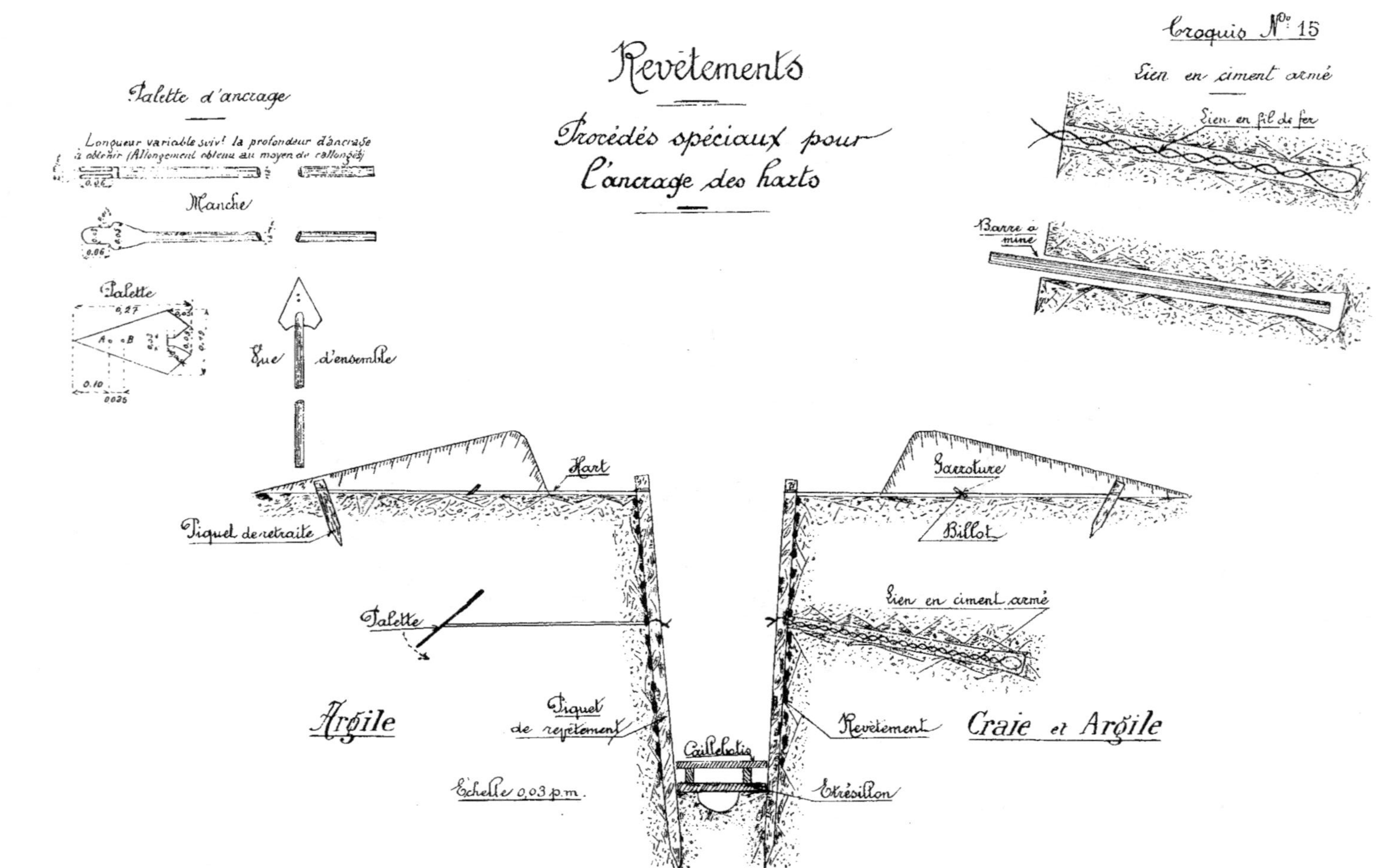

Revétements

Procédés spéciaux pour
L'ancrage des harts

Revêtement allemand en ciment armé (Secteur d'Aubérive)

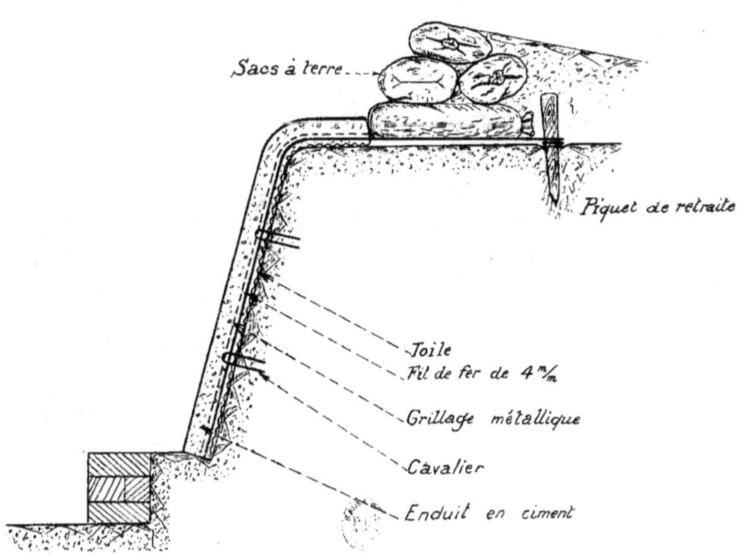

Cuirassements pour installations de guetteurs

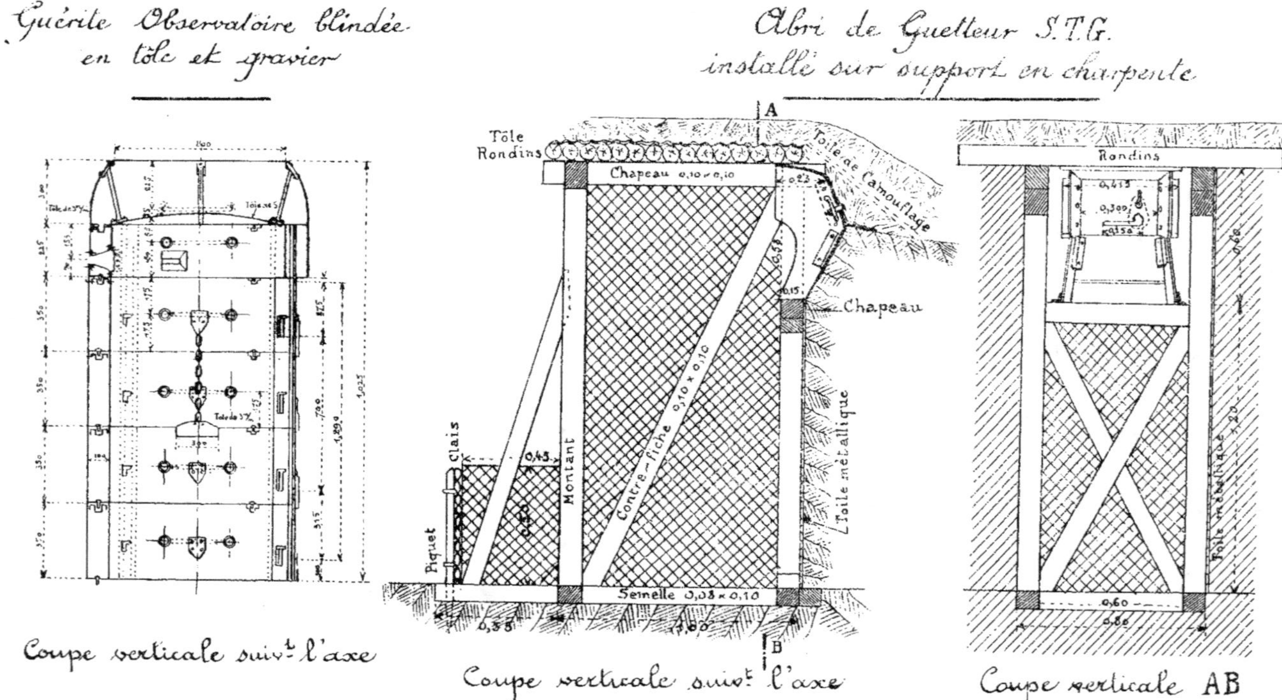

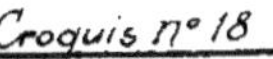

Blockaus
pour la défense
d'un boyau

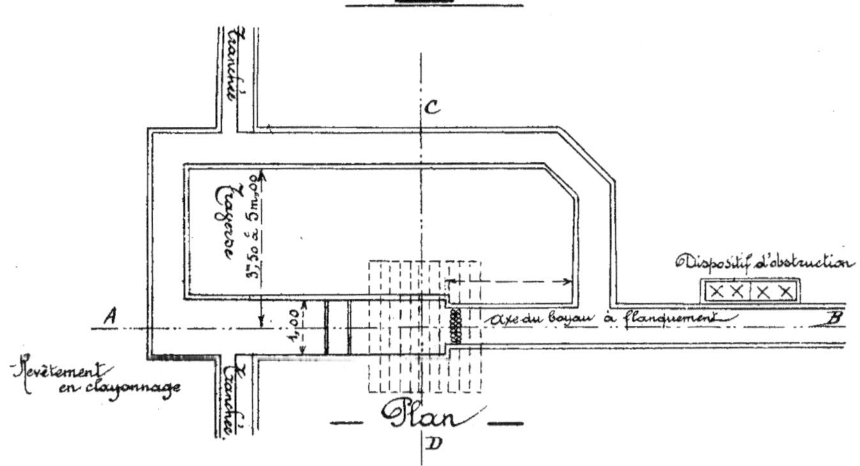

Carrefour ceinturé
et
Triple estrade de
Grenadiers

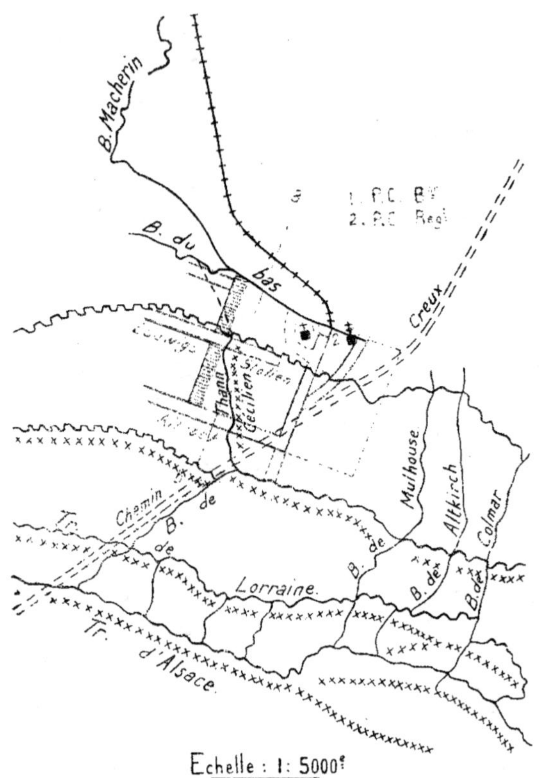

Coupe suivant
a b

TUNNELS ALLEMANDS DE LA CHENILLE

(Main de MASSIGES)

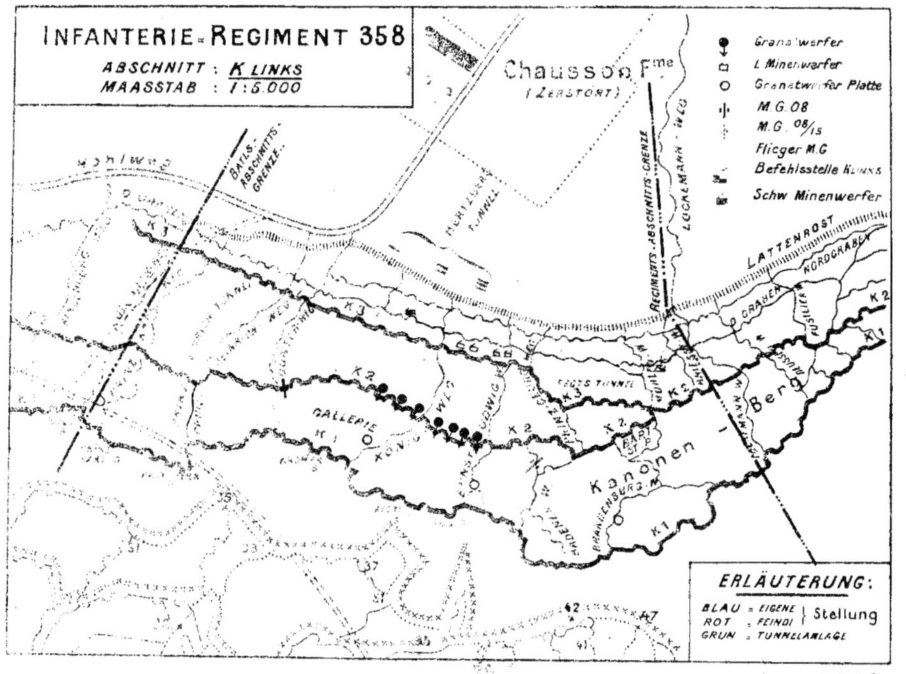

Le trait vert représente les communications souterraines

TUNNEL DU CORNILLET

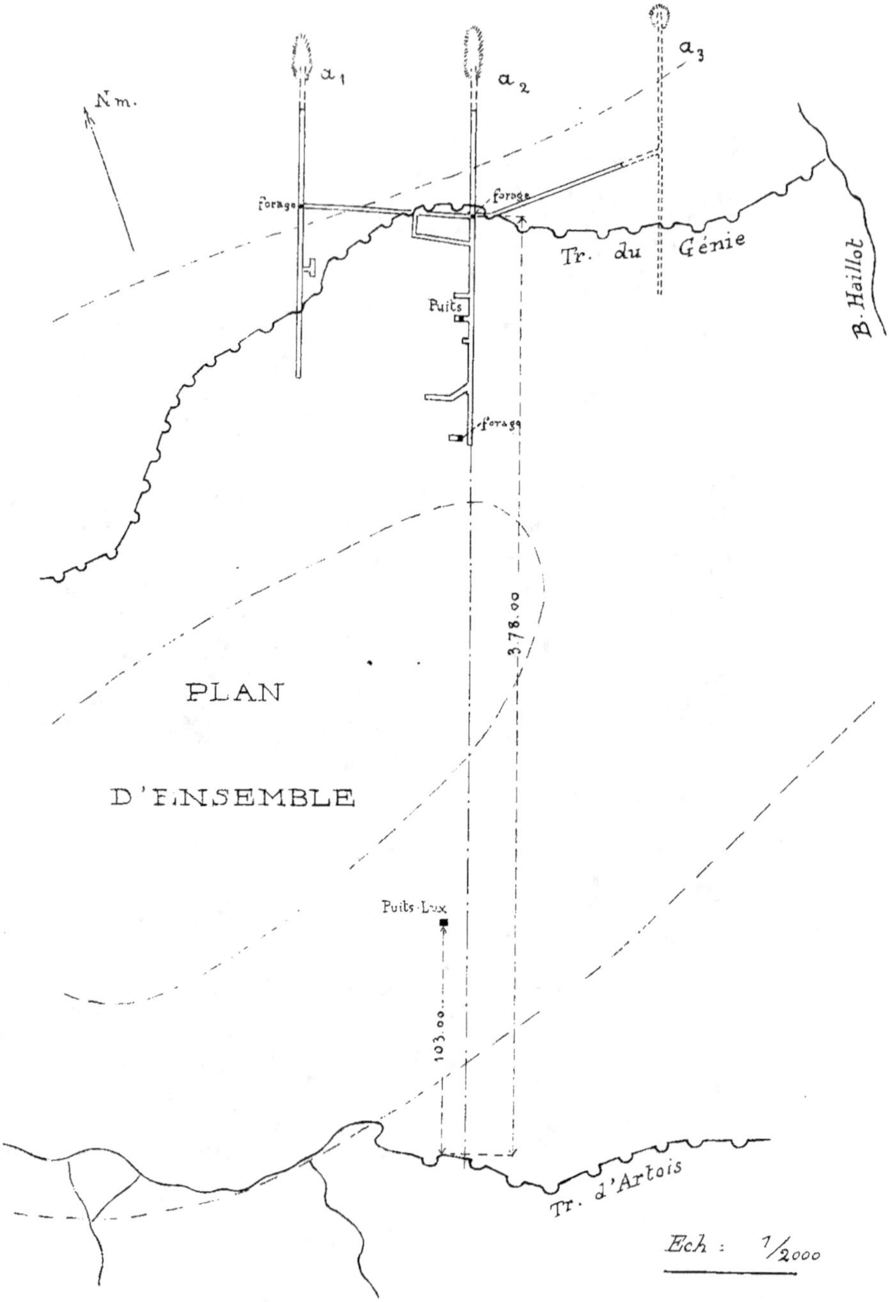

TUNNEL DU CORNILLET

Reproduction d'un croquis allemand rectifié d'après les reconnaissances récentes

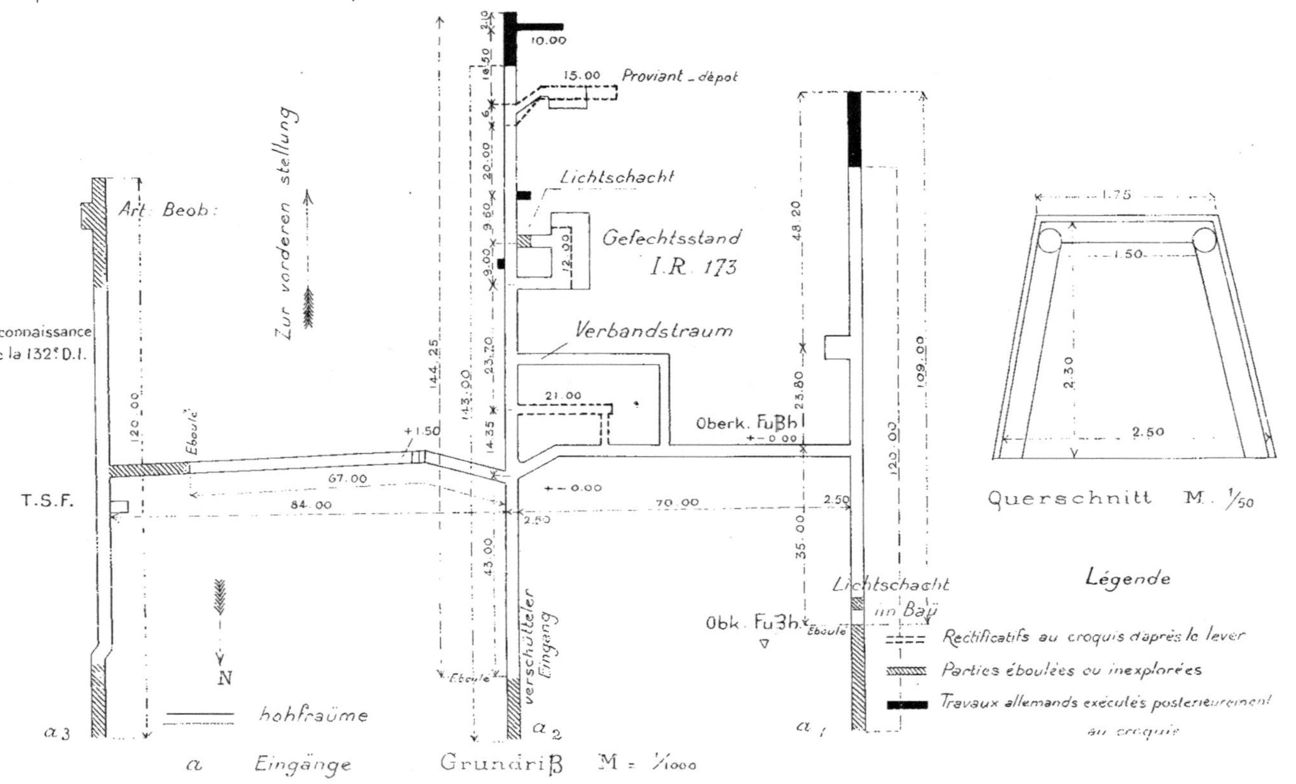

TUNNEL DU KRONPRINZ

Echelle : $\frac{1}{5.000}$

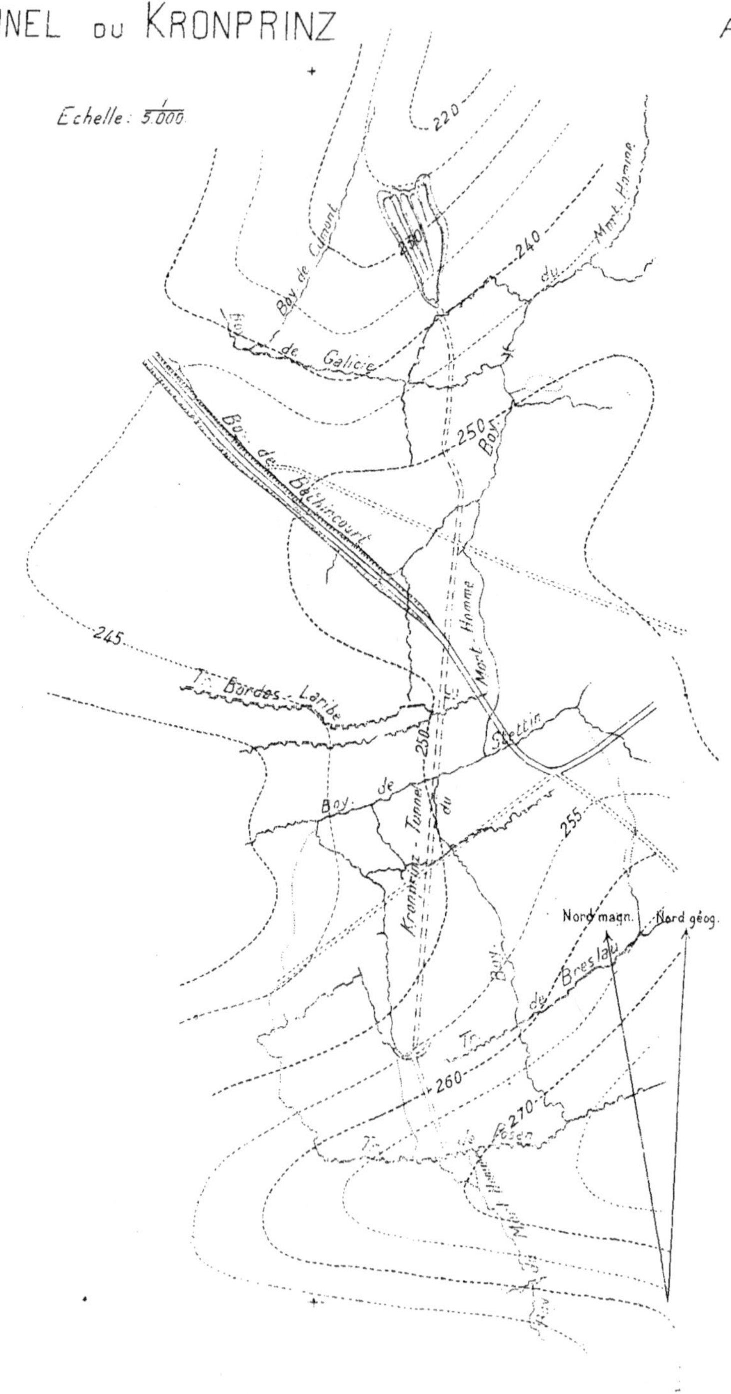

Tunnel du Kronprinz

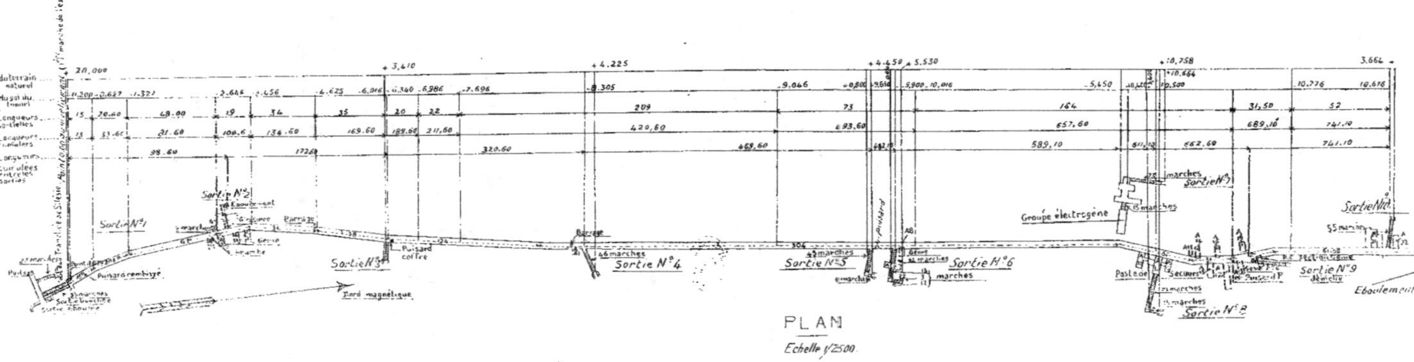

Armature d'une dalle

Coupe des piédroits au niveau de l'intrados

et plan de pose de l'armature de l'intrados

Echelle 1/50

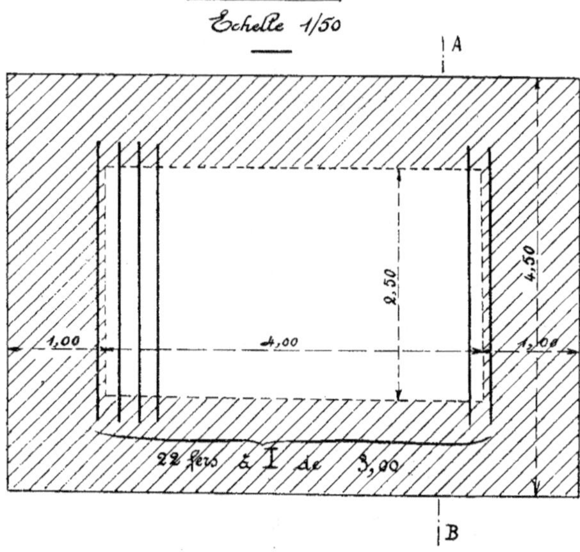

Coupe verticale transversale AB
montrant les différents plans
d'armatures

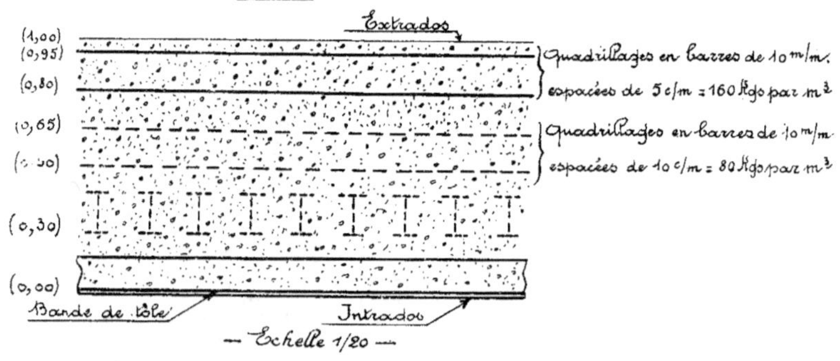

— Echelle 1/20 —

Nota. — L'armature en trait plein sur cette coupe correspond à celle qui est rigoureusement indispensable (voisinage de l'intrados et de l'extrados).

En outre, l'armature de la dalle est en général complétée par le prolongement au voisinage de ses parements des armatures verticales correspondantes des piédroits, indiquées au croquis n° 26 ci-après.

Armature d'une dalle (Suite)

Détail de l'armature

de l'intrados

Coupe longitudinale

Plan de pose de l'armature

des côtes (0,50) et (0,65)

58 fers ronds (d : 10 m/m, long : 4,70) espacés de 10 c/m

Echelle 1/50

Les plans des côtes (0,80) et (0,95) sont les mêmes, mais le
nombre de fer est doublé et leur espacement est réduit à 5 c/m.

Béton Armé

Armatures des deux parois d'un piédroit — Croquis n° 26

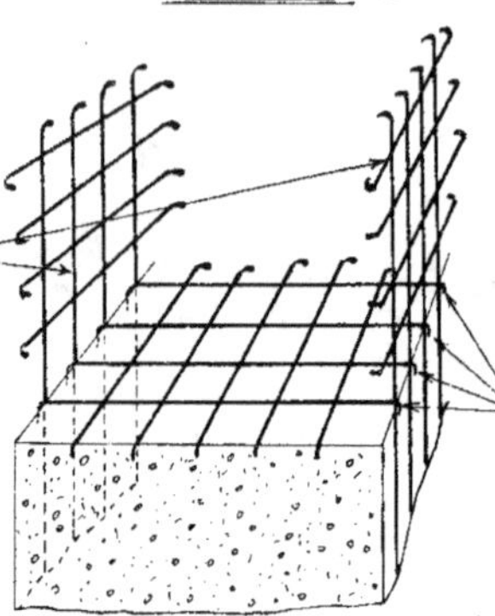

Ancrage du piédroit avec la dalle

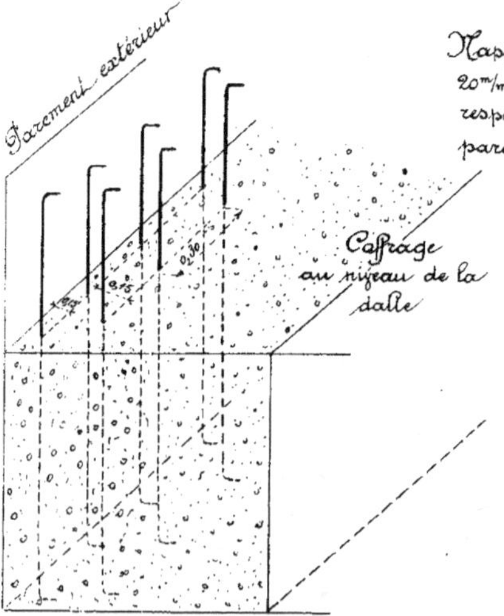

Remarque — Les différentes armatures indiquées dans ce croquis et concernant le même piédroit n'ont été séparées que pour en faciliter la compréhension.

CASEMATE HEXAGONALE
DU GENERAL BASSENNE

COFFRAGES

Echelle 1/50

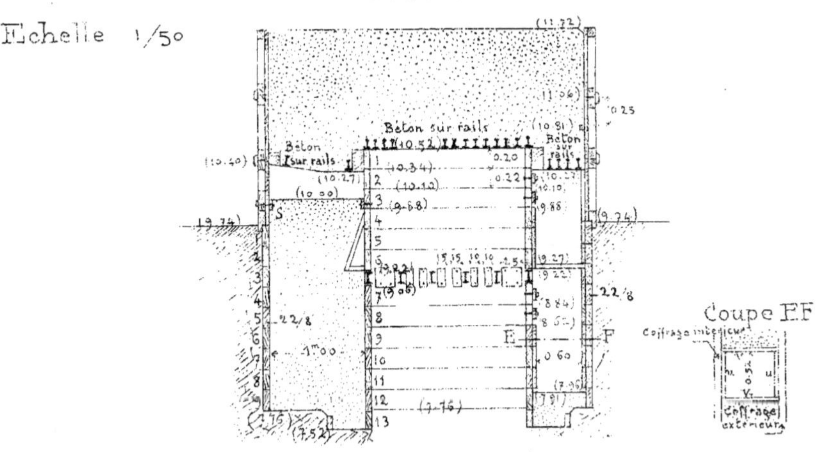

Coupe verticale suivant C D
du croquis n° 6

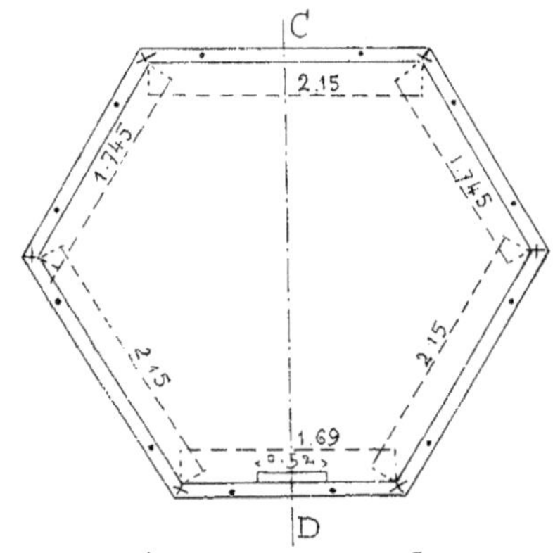

Ceinture extérieure au dessous du sol

Casemate hexagonale

Plan de pose des armatures

Armatures verticales

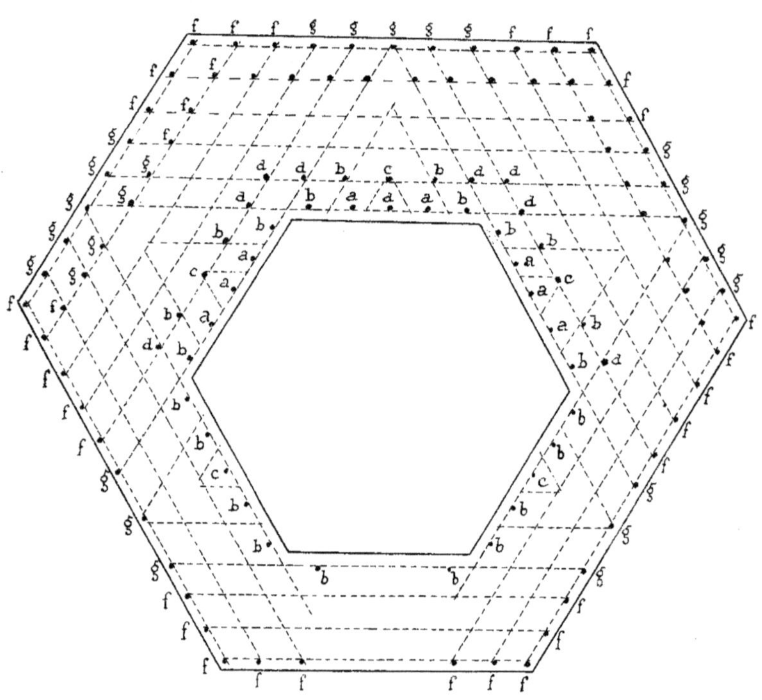

En 12 m/m

a ._ 9 barres de 1m,60
b ._ 22 _______ 2,65
c ._ 5 _______ 2,40
d ._ 8 _______ 4,00
f ._ 42 _______ 3,75
g ._ 33 _______ 2,15

(Echelle : 1/25)

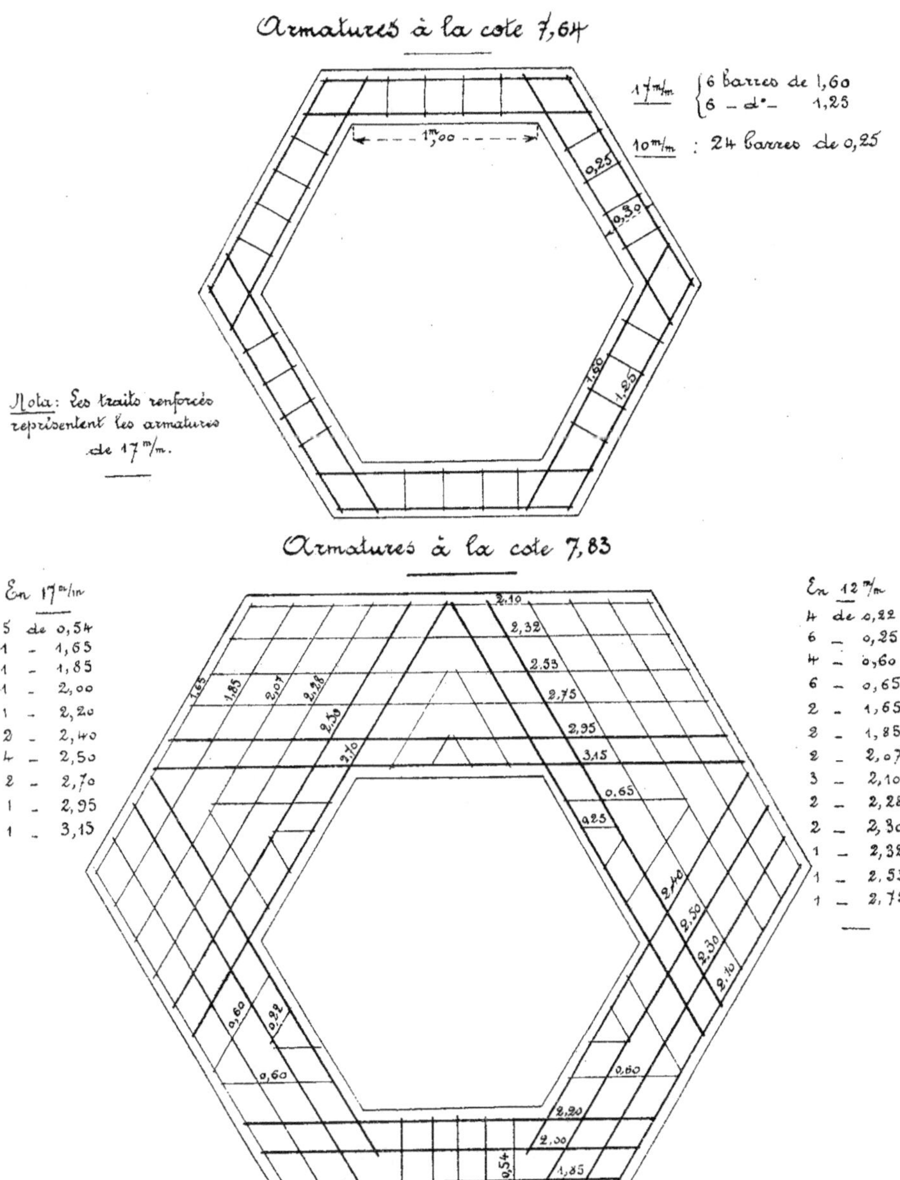
Armatures à la cote 7,64
1m,00
0,25
0,30
1,60
1,25
17 m/m { 6 barres de 1,60
{ 6 — d°— 1,25
10 m/m : 24 barres de 0,25
Nota: Les traits renforcés représentent les armatures de 17 m/m.
Armatures à la cote 7,83
En 17 m/m
5 de 0,54
1 — 1,65
1 — 1,85
1 — 2,00
1 — 2,20
2 — 2,40
4 — 2,50
2 — 2,70
1 — 2,95
1 — 3,15
En 12 m/m
4 de 0,22
6 — 0,25
4 — 0,60
6 — 0,65
2 — 1,65
2 — 1,85
2 — 2,07
3 — 2,10
2 — 2,28
2 — 2,30
1 — 2,32
1 — 2,53
1 — 2,75
2,10
2,32
2,53
2,75
2,95
3,15
0,65
0,25
1,65
1,85
2,07
2,28
2,30
2,40
2,40
2,50
2,30
2,40
0,60
0,60
0,60
0,60
0,80
2,20
2,30
0,54
1,85
1,65
(Echelle 1/25e)

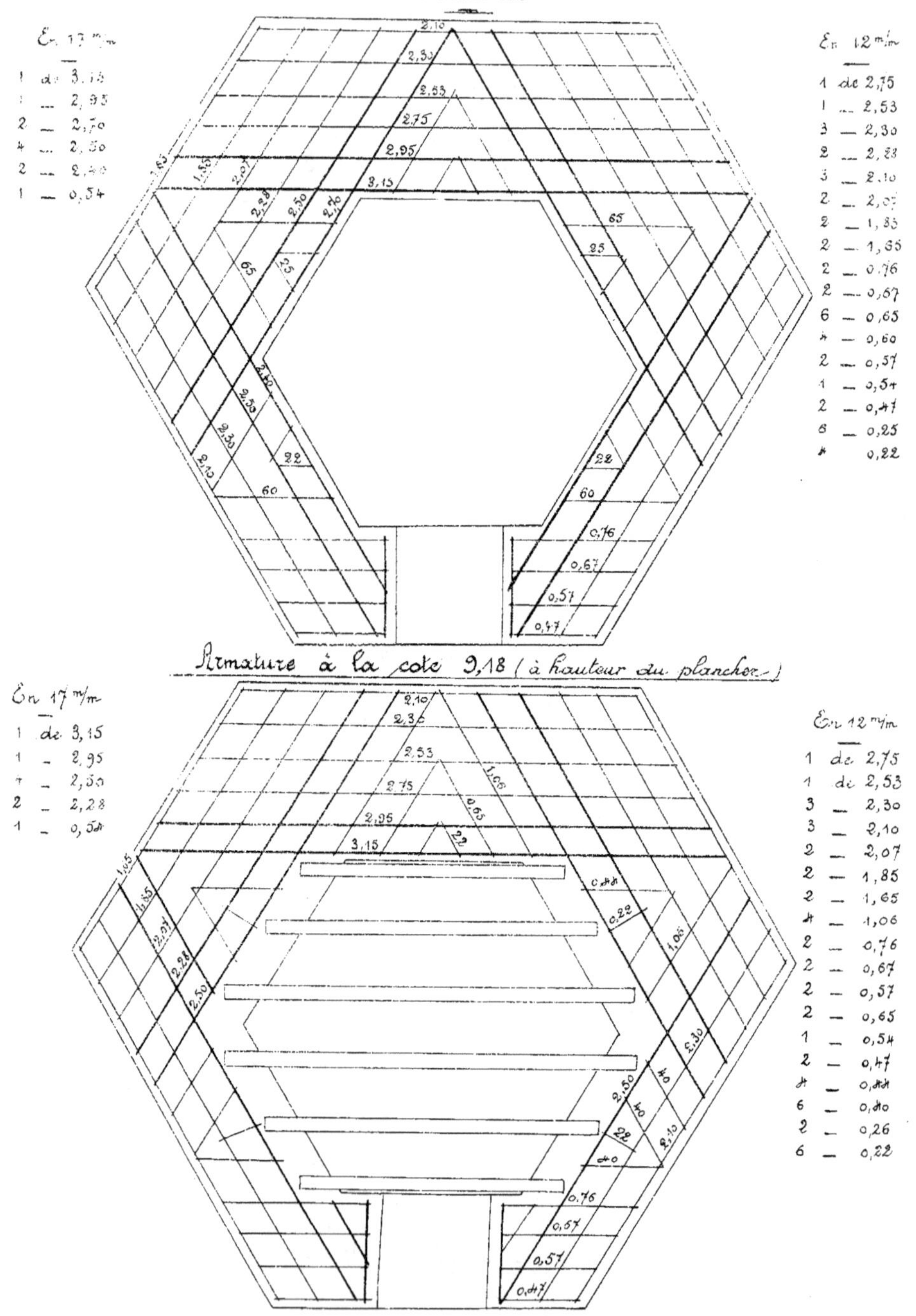
Croquis N°: 28?
Armatures aux côtes 7,98_8,13_8,26_8,43_8,58_8,73_8,88_9,03_9,78_9,93
10 semblables
En 17 m/m
1 de 3,15
1 — 2,95
2 — 2,70
4 — 2,50
2 — 2,30
1 — 0,54
En 12 m/m
1 de 2,75
1 — 2,53
3 — 2,30
2 — 2,28
3 — 2,10
2 — 2,07
2 — 1,85
2 — 1,65
2 — 0,76
2 — 0,67
6 — 0,65
4 — 0,60
2 — 0,57
1 — 0,54
2 — 0,47
6 — 0,25
4 — 0,22
Armature à la cote 9,18 (à hauteur du plancher)
En 17 m/m
1 de 3,15
1 — 2,95
1 — 2,50
2 — 2,28
1 — 0,54
En 12 m/m
1 de 2,75
1 de 2,53
3 — 2,30
3 — 2,10
2 — 2,07
2 — 1,85
2 — 1,65
4 — 1,06
2 — 0,76
2 — 0,67
2 — 0,57
2 — 0,65
1 — 0,54
2 — 0,47
4 — 0,44
6 — 0,40
2 — 0,26
6 — 0,22

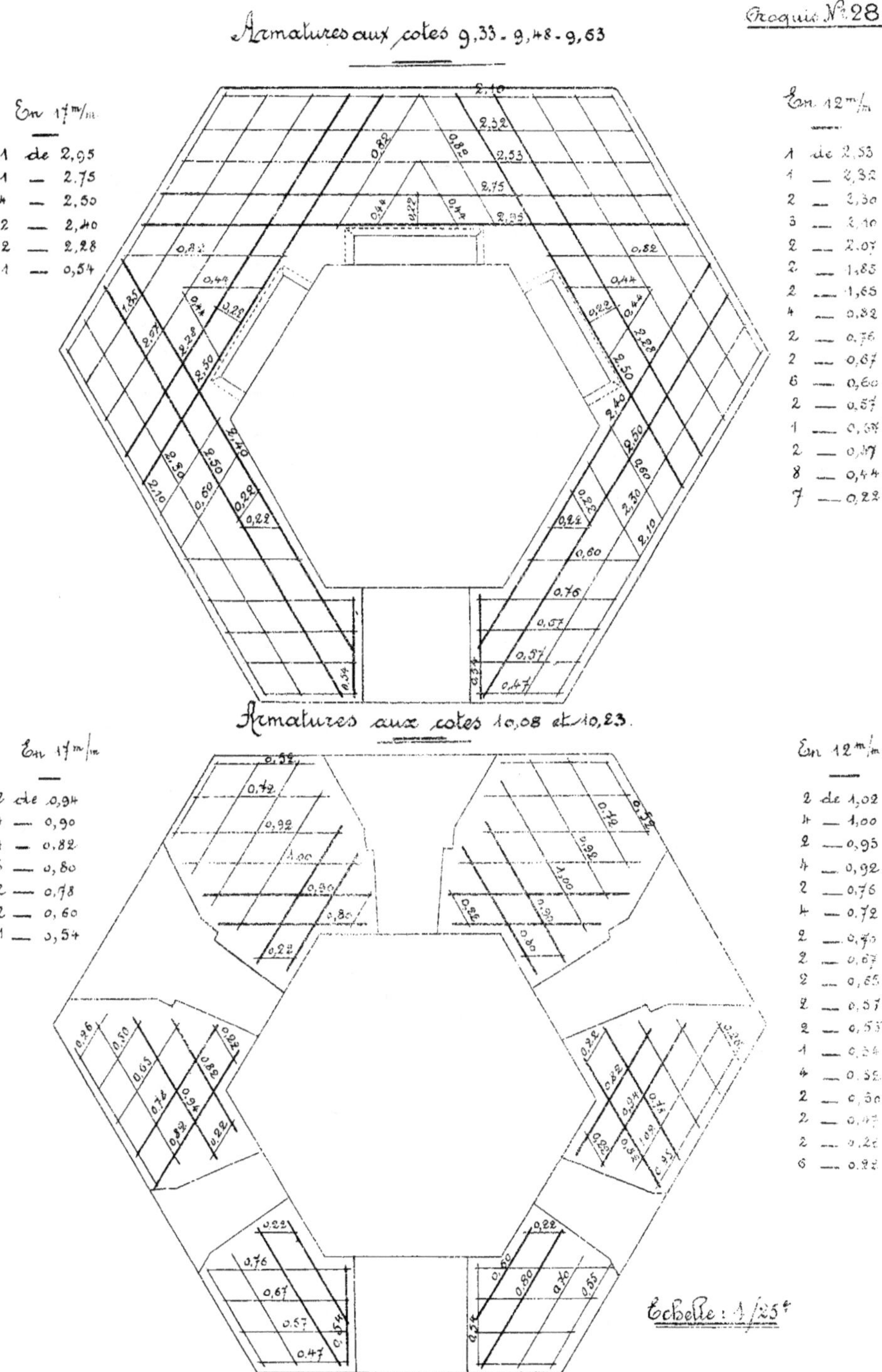
Croquis N° 28ᵈ
Armatures aux cotes 9,33 - 9,48 - 9,63
En 17 m/m
1 de 2,95
1 — 2,75
4 — 2,50
2 — 2,40
2 — 2,28
1 — 0,54
En 12 m/m
1 de 2,53
1 — 2,32
2 — 2,30
3 — 2,10
2 — 2,07
2 — 1,85
2 — 1,65
4 — 0,82
2 — 0,76
2 — 0,67
6 — 0,60
2 — 0,57
1 — 0,54
2 — 0,47
8 — 0,44
7 — 0,22
Armatures aux cotes 10,08 et 10,23.
En 17 m/m
2 de 0,94
4 — 0,90
4 — 0,82
6 — 0,80
2 — 0,78
2 — 0,60
1 — 0,54
En 12 m/m
2 de 1,02
4 — 1,00
2 — 0,95
4 — 0,92
2 — 0,76
4 — 0,72
2 — 0,70
2 — 0,67
2 — 0,65
2 — 0,57
2 — 0,55
1 — 0,54
4 — 0,52
2 — 0,50
2 — 0,47
2 — 0,26
6 — 0,22
Echelle: 1/25ᵉ

Plan de l'armature à la cote 10,46

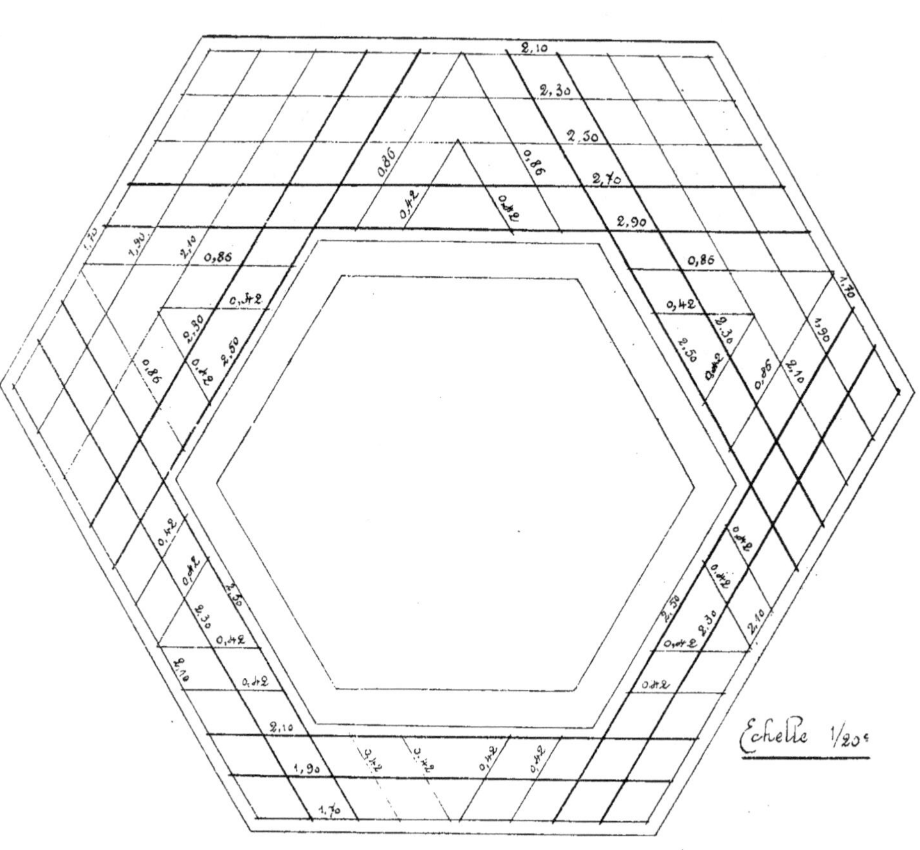

Echelle 1/20^e

Nomenclature des fers

Fers de 17 m/m		Fers de 12 m/m	
1	de 2,90	1	de 2,50
1	— 2,70	1	— 2,30
4	— 2,50	5	— 2,10
4	— 2,30	2	— 1,90
1	— 2,10	3	— 1,70
1	— 1,90	6	— 0,86
12 fers		18	— 0,42
		36 fers	

Plan de pose de l'armature
de l'intrados de la dalle

Rails et pièces de chêne sous la dalle

Echelle 1/20e

Chaque rail sera percé
aux deux bouts et à 0m.10
de l'extrémité, d'un trou
pour un tirefond qui
fixera le rail sur la
pièce de chêne.

au total
36 tirefonds

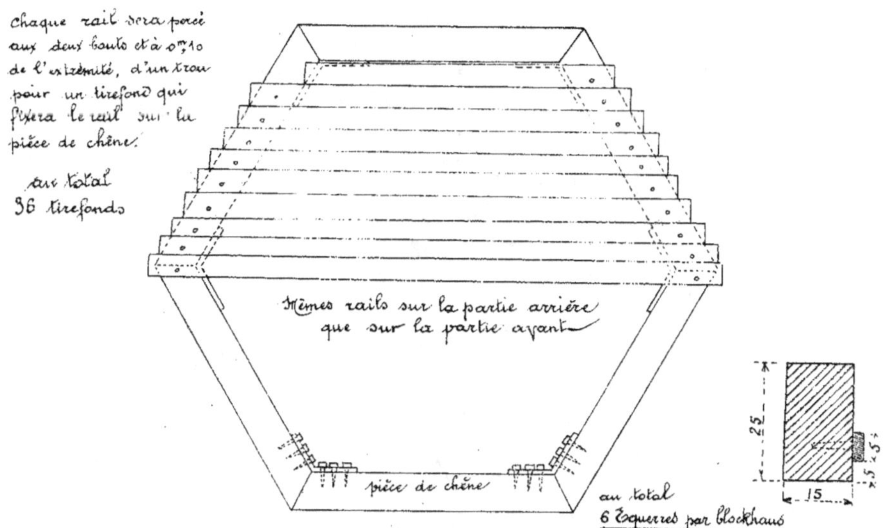

Des équerres ouvertes à 120° en 50m/m sur 10m/m relieront entre elles les pièces de chêne.
Chaque branche de l'équerre aura 0m,20 de longueur et sera fixée par 3 tirefonds

Détail des rails			
2 de 1m.16	2 de 1,77	2 de 2,09	1 seul de 2m.36
2 de 1m.56	2 de 1,88	2 de 2,19	
2 de 1,67	2 de 1,98	2 de 2,30	

Armature de la dalle à la côte 10,66

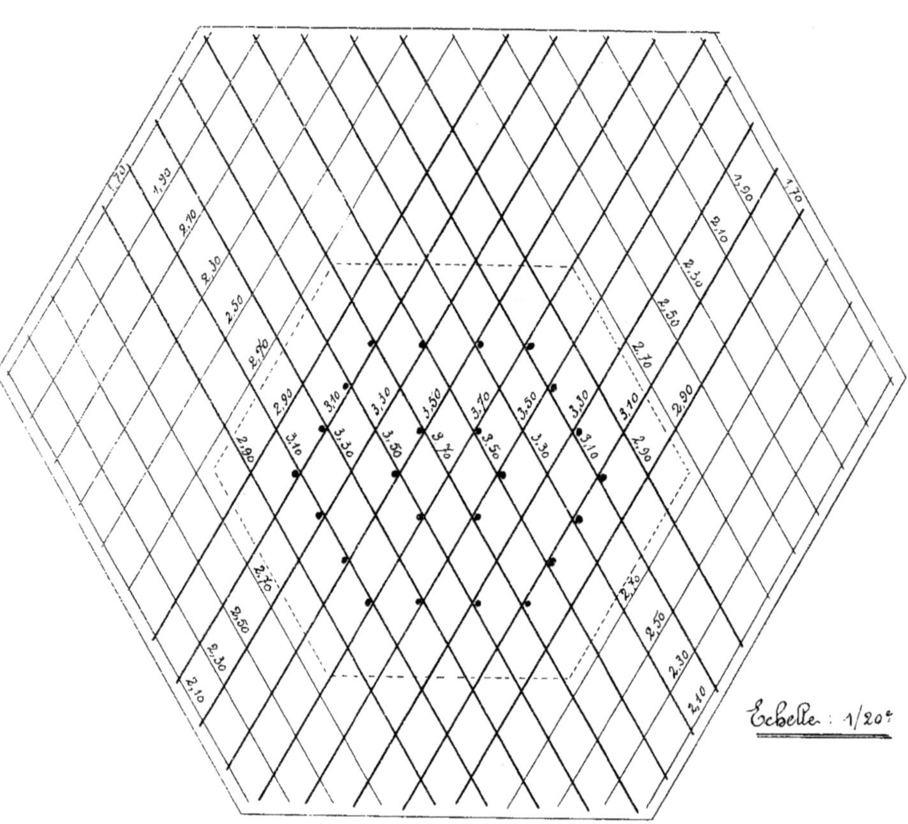

Nomenclature des fers

Fers de 17ᵐ/ₘ	Fers de 12ᵐ/ₘ
2 de 3ᵐ,70	4 de 2,70
4 — 3,50	4 — 2,50
4 — 3,30	4 — 2,30
4 — 3,10	4 — 2,10
4 — 2,90	2 — 1,90
	2 — 1,70
18 fers	20 fers

Armatures verticales
de la dalle

24 barres de 0,60
à placer
de la côte 10,65
à la côte 11,25

Armatures de la Salle, aux cotes 10,81 - 10,96 - 11,11 - 11,26 - 11,41 - 11,55

(6 armatures semblables)

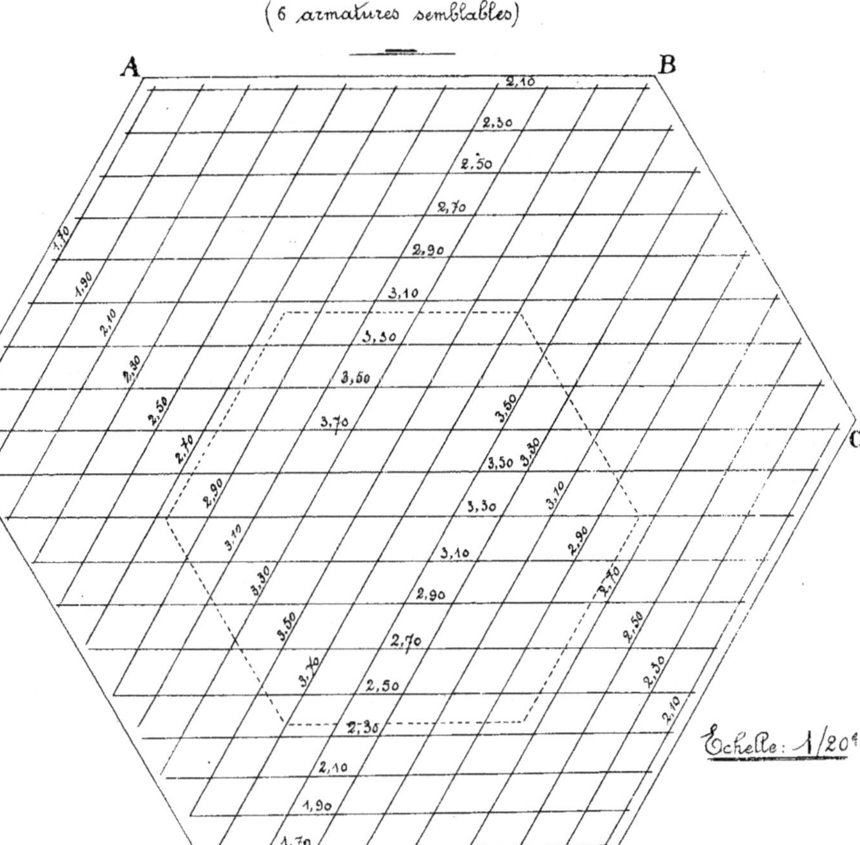

Nomenclature par cote des fers horizontaux

Fers de 12 m/m.

2 de 3ᵐ,70	4 de 3,10	4 de 2,50	2 de 1,90
4 — 3,50	4 — 2,90	4 — 2,30	2 de 1,70
4 — 3,30	4 — 2,70	4 — 2,10	

Chaque couche comporte une rangée de fers parallèles à la face AB.
En revanche aux cotes 10,96 - 11,26 - 11,56 la deuxième rangée est parallèle à la face BC.
Aux cotes 10,81 - 11,11 - 11,41, la deuxième rangée est parallèle à la face ED.

OBSERVATOIRE BETONNE
avec abri cuirassé démontable

Croquis n° 29

Coupe

Echelle 0.03 p/m

Plan des Armatures.

des cotes (-1.00 -0.85 -0.70 -0.55 -0.40)

Le nombre des barres des armatures des cotes (-0.25 et -0.10) est doublé et leur espacement est réduit à 5 c/m

10 barres de 0.70

0.90

2 barres de 1.40
2 barres de 2.00
5 barres de 2.40

Contreventement et Etrésillonnement du puits avant bétonnage

1.04

Echelle 0.03 p/m

Cadre fer I

1.50

0.75

ORGANISATION DU BÉTONNAGE
D'UN OBSERVATOIRE

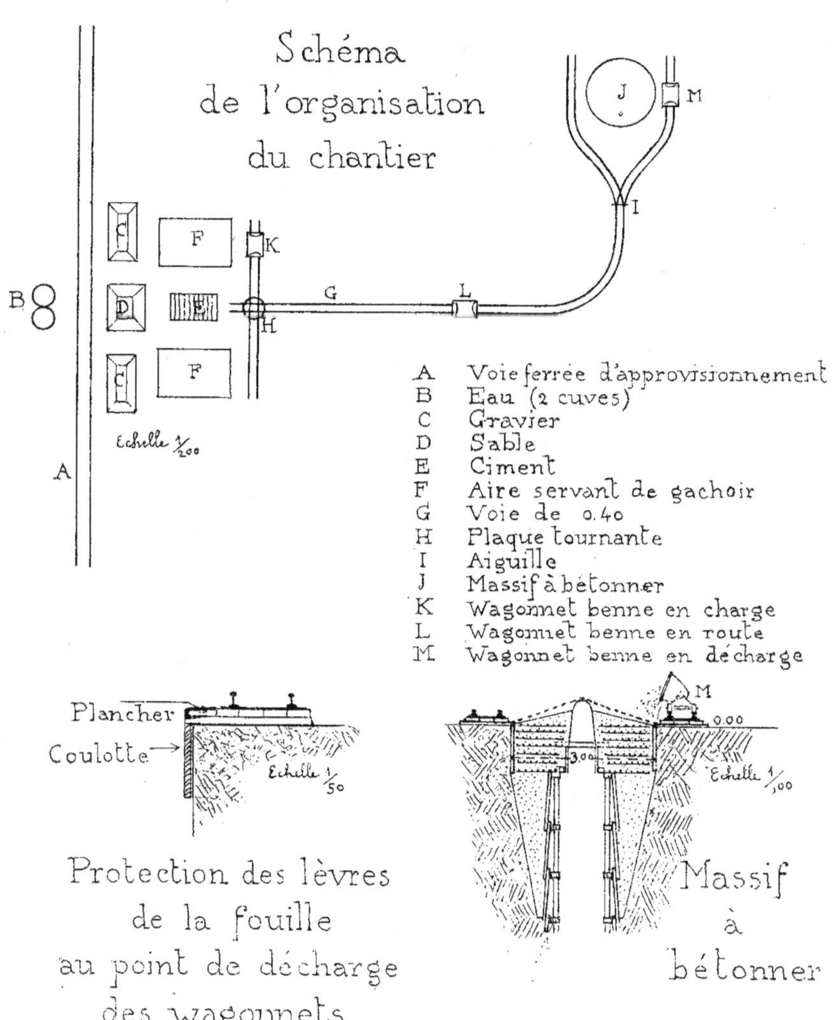

Protection des lèvres
de la fouille
au point de décharge
des wagonnets

Massif
à
bétonner

Abri bétonné à l'épreuve du 210 (Type Traverse)
pour poste de Guetteur et Fusils mitrailleurs.

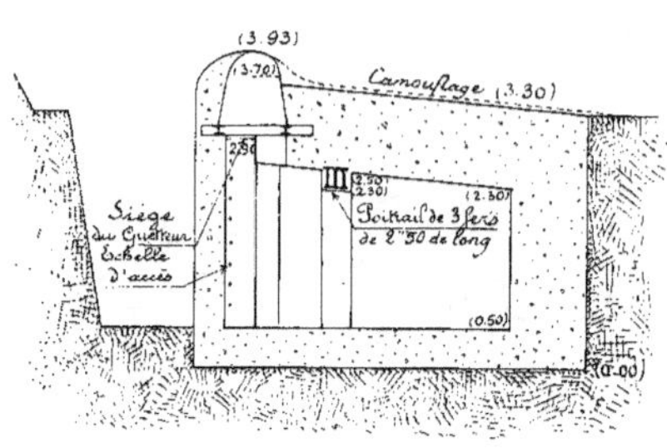

Plan

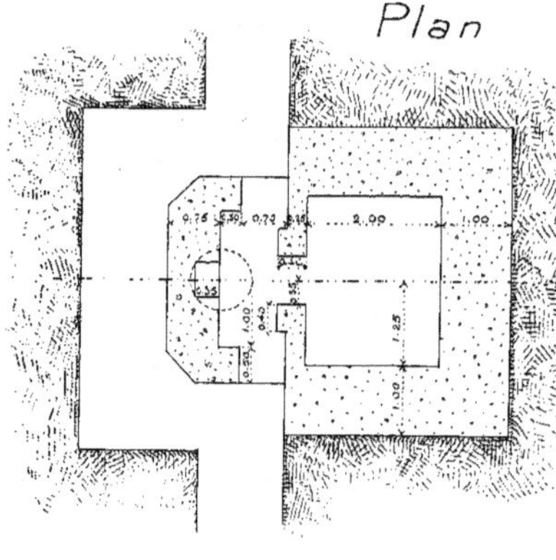

Cube de béton
approximatif

Radier	10 m³
Piédroits	24 —
Dalle	20 —
Total	**54 m³**

Echelle de 0.m02 p. m.

Plans de pose des Armatures

Armatures verticales

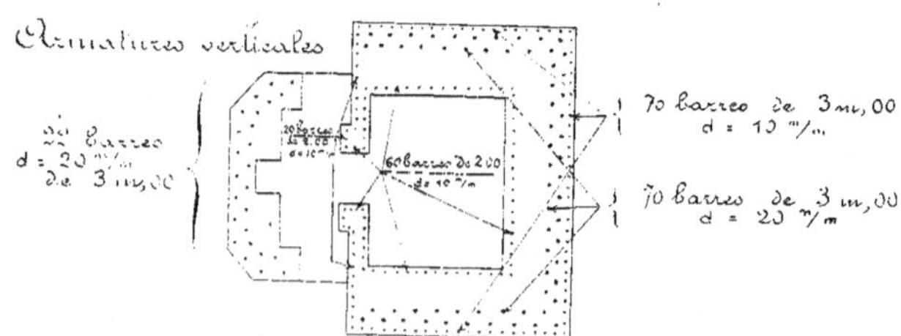

Plans de pose des Armatures (Suite).

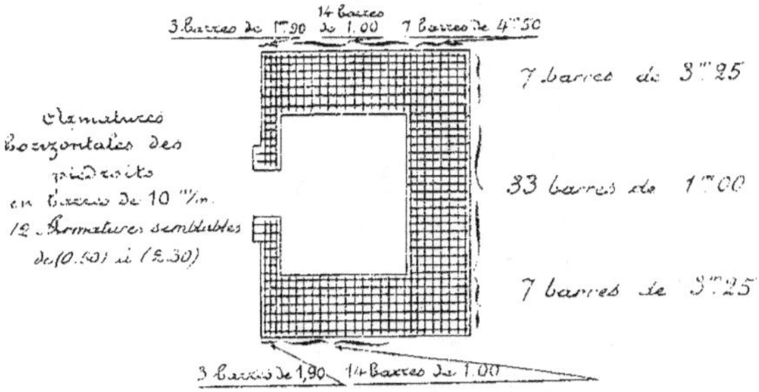

Croquis 31 B

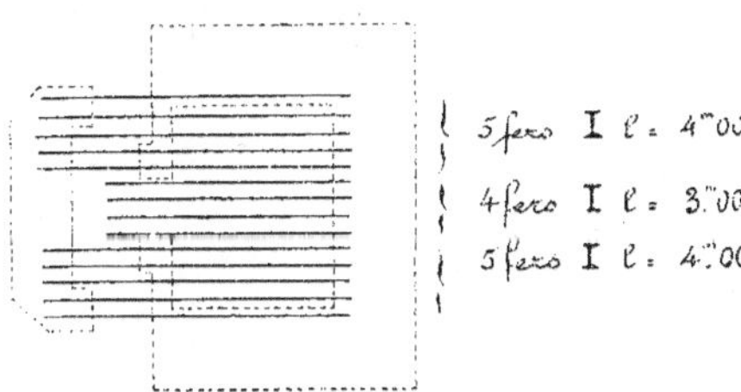

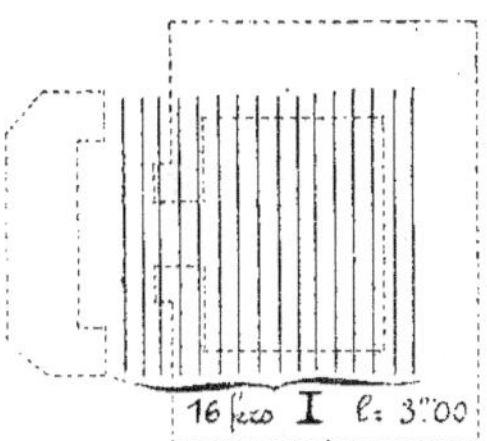

Armature à 0m25 au-dessous de l'intrados

Armature à 0,50 et 0.65 au-dessous de l'intrados.

barres d = 10 m/m.

Le plan des Armatures à 0.80 et 0.95 est analogue, mais le nombre des fers est doublé, et leur espacement n'est que de 5 c/m

16 barres de 1m00

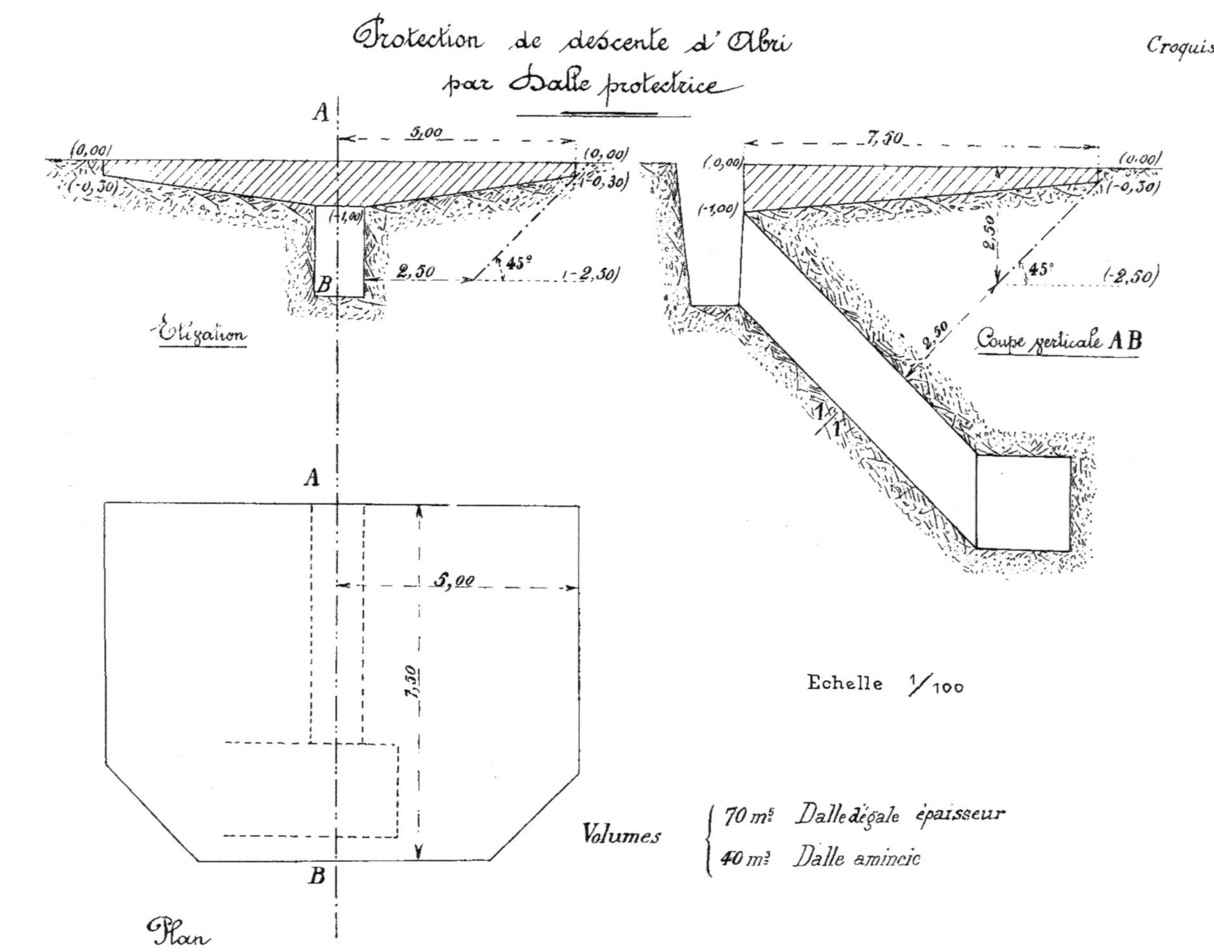

Protection de descente d'Abri
par Dalle protectrice
Croquis n° 32
A
5,00
(0,00)
(0,00)
(-0,30)
(-0,30)
(-1,00)
2,50
45°
(-2,50)
B
Élévation
7,50
(0,00)
(0,00)
(-0,30)
(-1,00)
2,50
2,50
45°
(-2,50)
1/1
Coupe verticale AB
A
5,00
7,50
B
Plan
Echelle 1/100
Volumes
70 m³ Dalle d'égale épaisseur
40 m³ Dalle amincie

DALLE ÉCLATEUR
TYPE S·T·G·

Armature inférieure

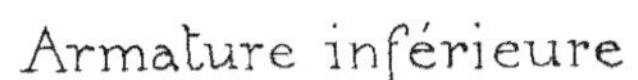
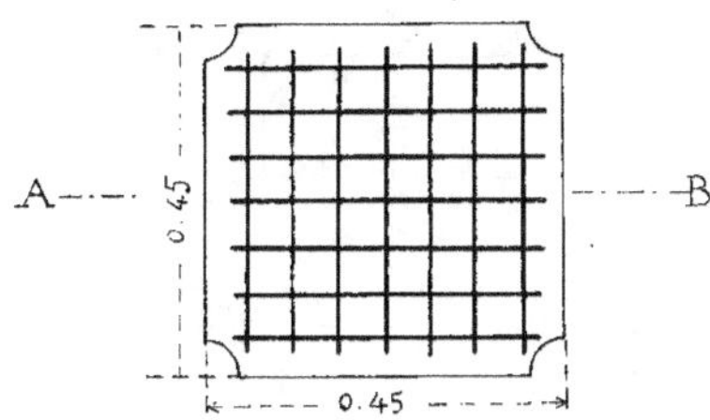

Assemblage des dalles

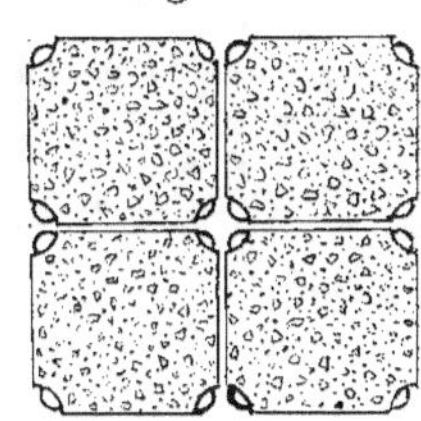

Armature médiane

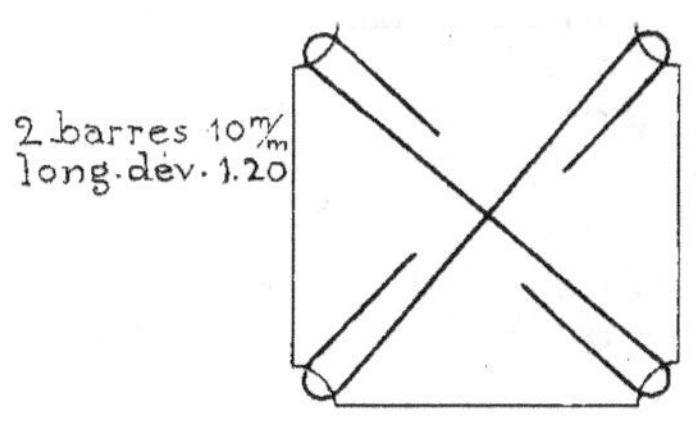

Mode d'accrochage des dalles

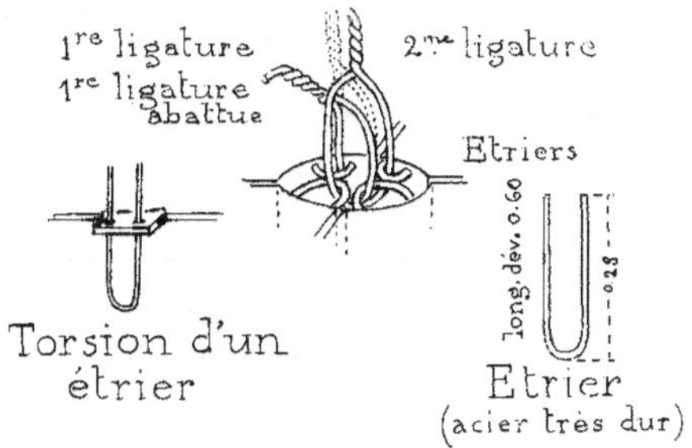

Coupe AB

Moule pour dalles éclateurs

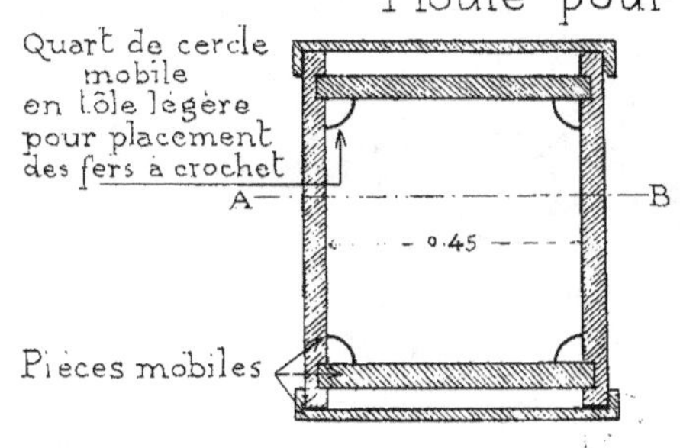

Coupe AB

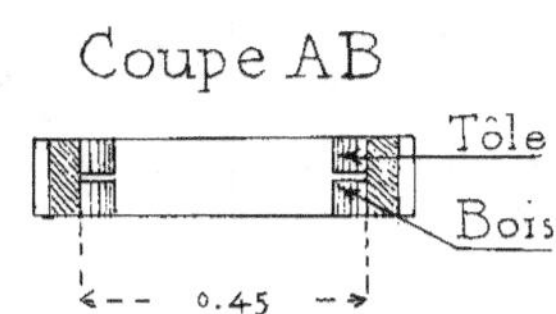

TROU DE MARMITE BÉTONNÉ
(Voir Croquis N° 9)
PLANS DE POSE DES ARMATURES

Détail de l'armature des intrados ($\frac{1}{25}$)
(Coupe verticale CD du croquis N° 9)

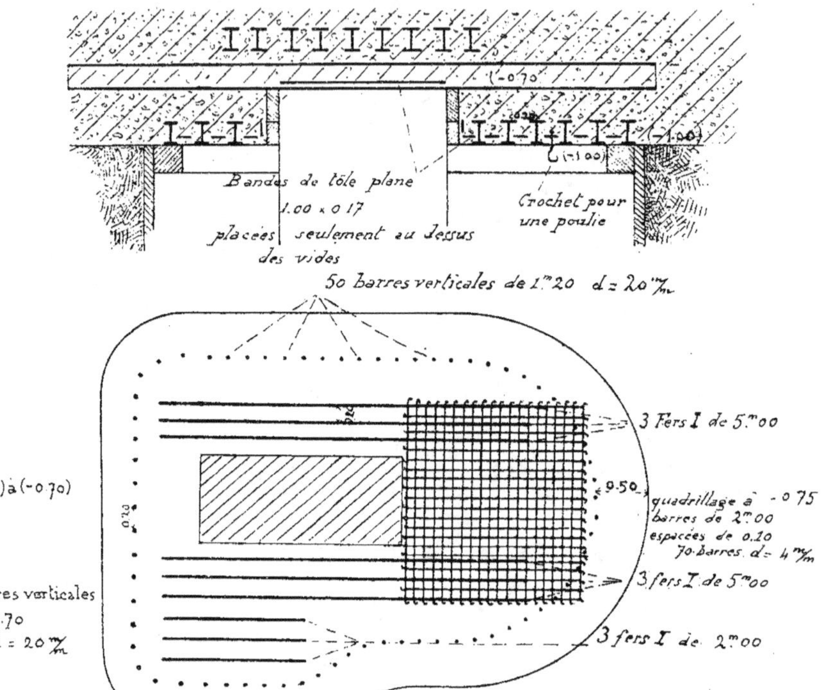

PLAN DES ARMATURES MÉTALLIQUES ($\frac{1}{50}$)

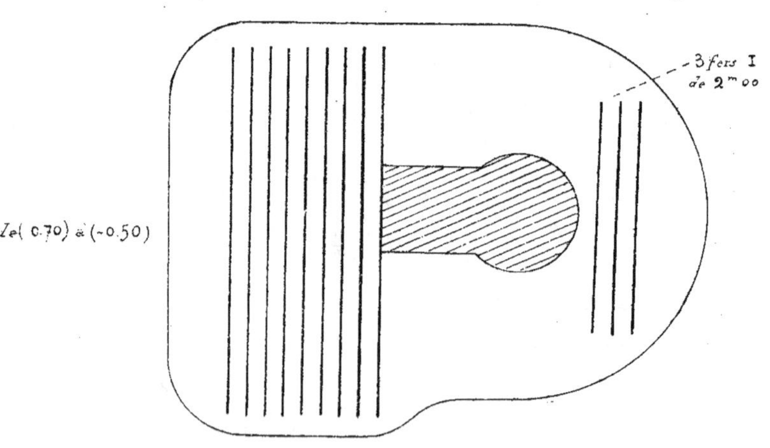

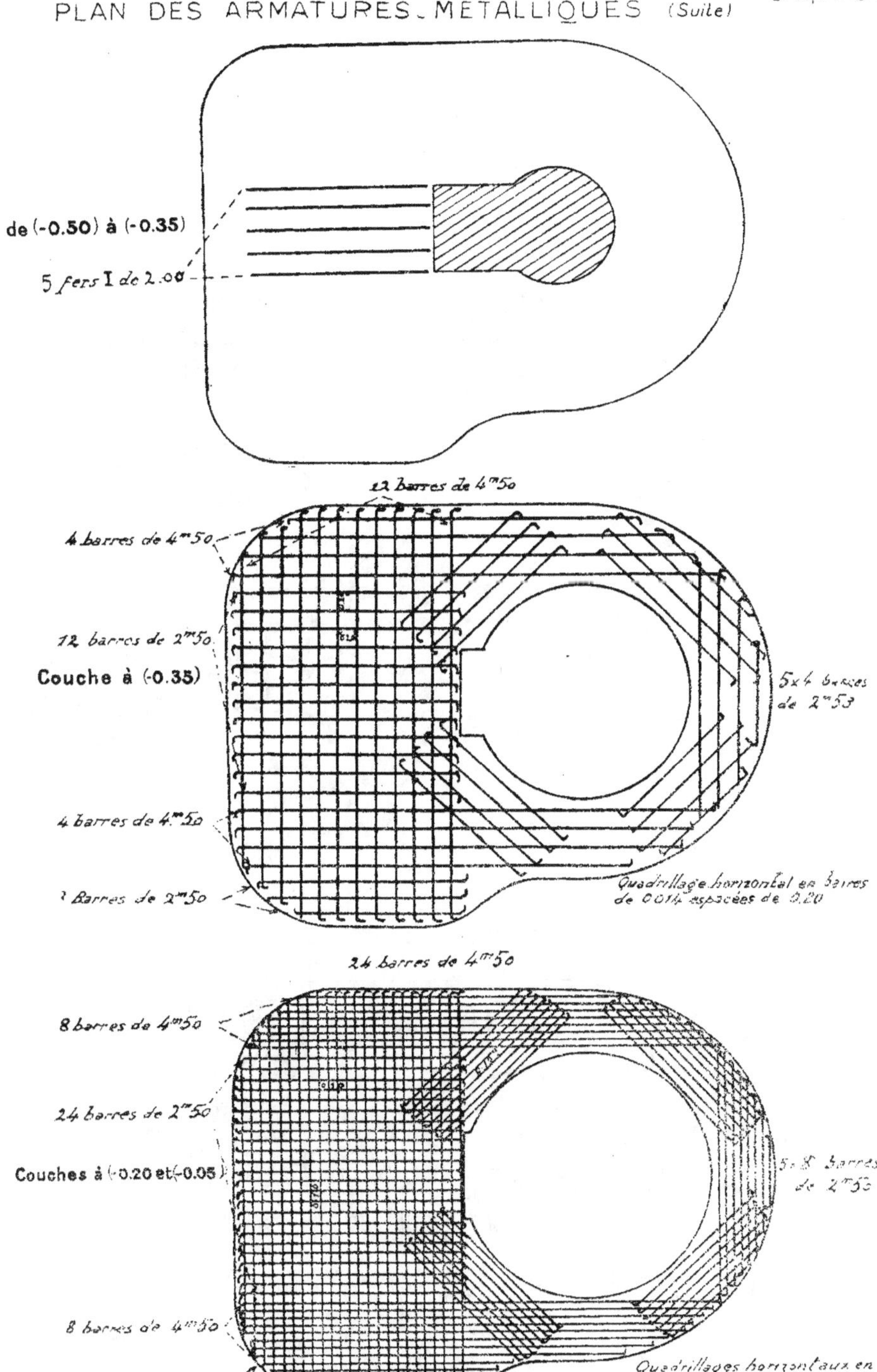
de (-0.50) à (-0.35)
5 fers I de 2.00
12 barres de 4^m50
4 barres de 4^m50
12 barres de 2^m50
Couche à (-0.35)
5x4 barres de 2^m53
4 barres de 4^m50
2 barres de 2^m50
Quadrillage horizontal en barres de 0.014 espacées de 0.20
24 barres de 4^m50
8 barres de 4^m50
24 barres de 2^m50
Couches à (-0.20 et (-0.05)
5x8 barres de 2^m53
8 barres de 4^m50
8 barres de 2^m50
Quadrillages horizontaux en barres de 0.014 espacées de 0.10

OBSERVATOIRE D'ARTILLERIE

Echelle $\frac{1}{50}$

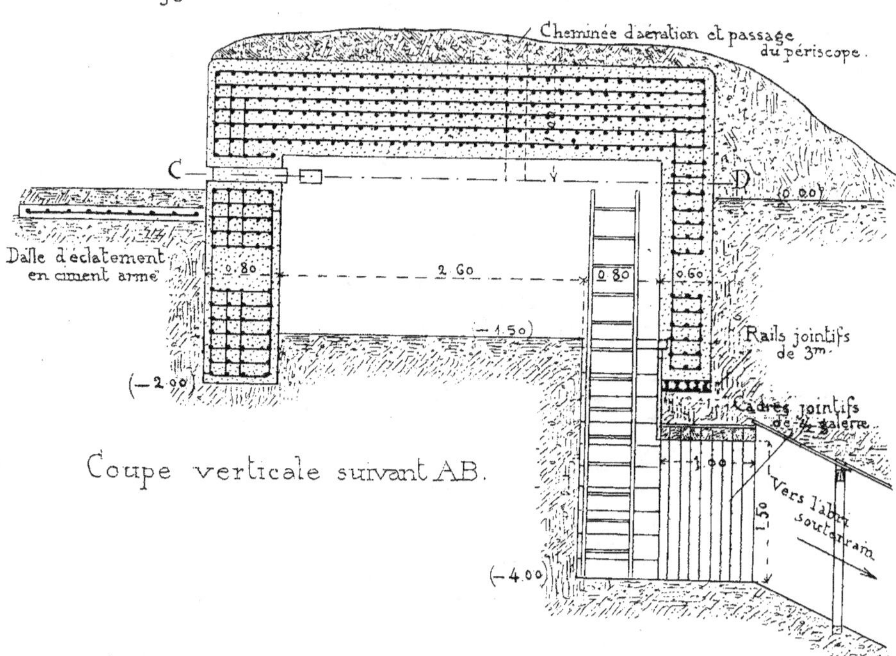

Coupe verticale suivant AB.

Plan suivant coupe CD.

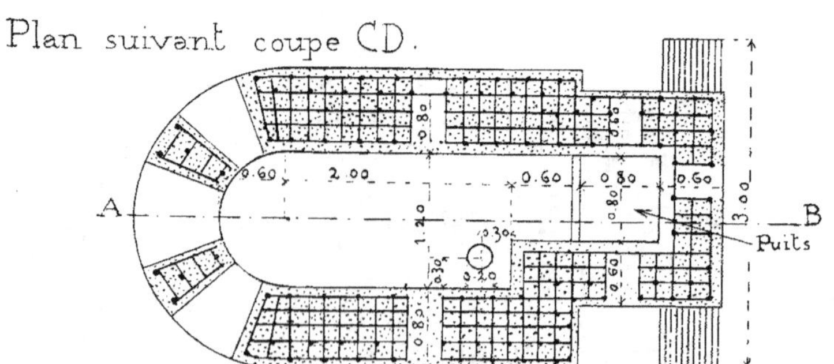

Croquis extrait du Cours de Construction d'Abris
du Capitaine Billiard

OBSERVATOIRE D'ARTILLERIE
MODELE ALLEMAND
AVEC PLAQUE DE BLINDAGE SPECIALE

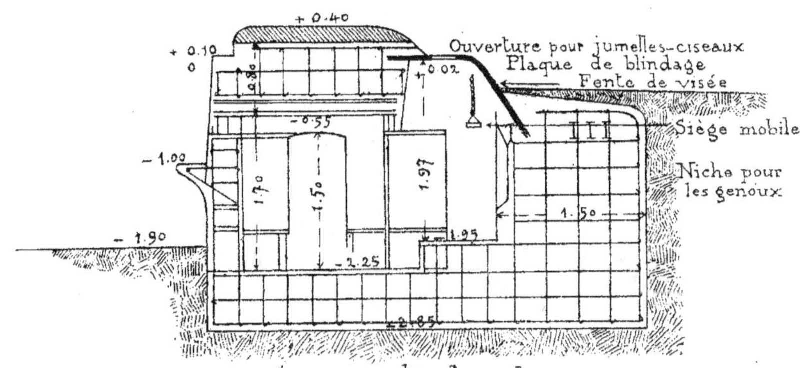

Coupe verticale a b

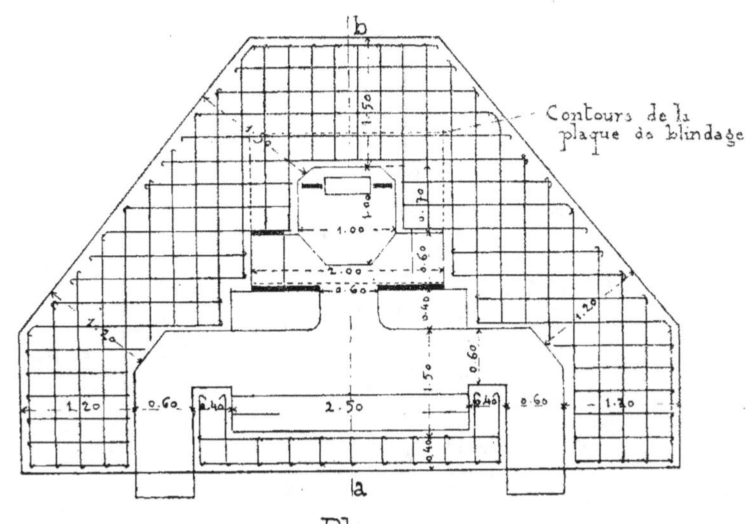

Plan

Volume = environ 56 m³ de béton armé

ABRI BETONNE ALLEMAND
POUR MITRAILLEUSE

(Bois du Hibou)

Echelle $\frac{1}{100}$

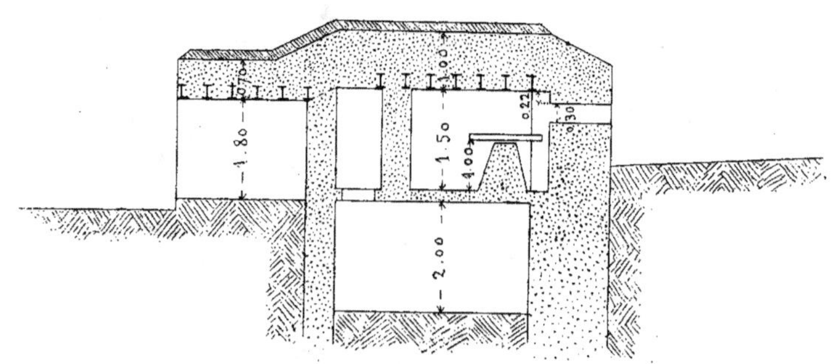

Coupe verticale suivant AB

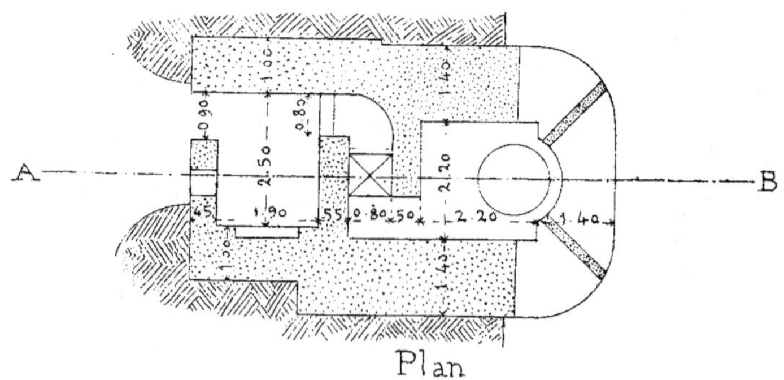

Plan

Ce croquis est extrait du Rapport du C^t Gueniot
sur l'organisation défensive allemande entre Roye et l'Oise

Schéma de l'Organisation
allemande d'Aubérive. (Avril 1917.)
Croquis N° 38.
Echelle : 1/10.000.
Nord
Aubérive
- sur - Suippes.
la Suippes

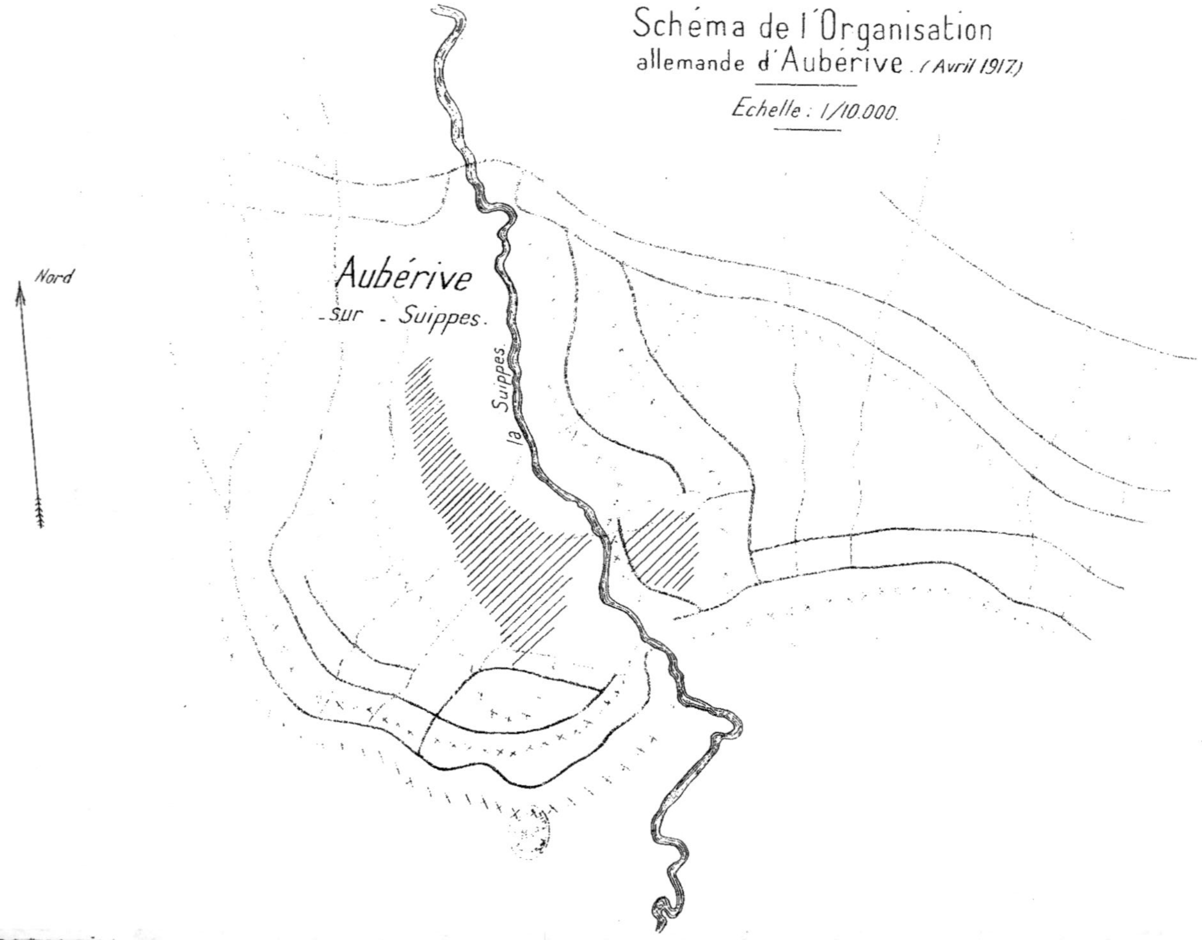

SCHEMA

de

L'ORGANISATION ALLEMANDE

DE

S^T QUENTIN

Août 1917

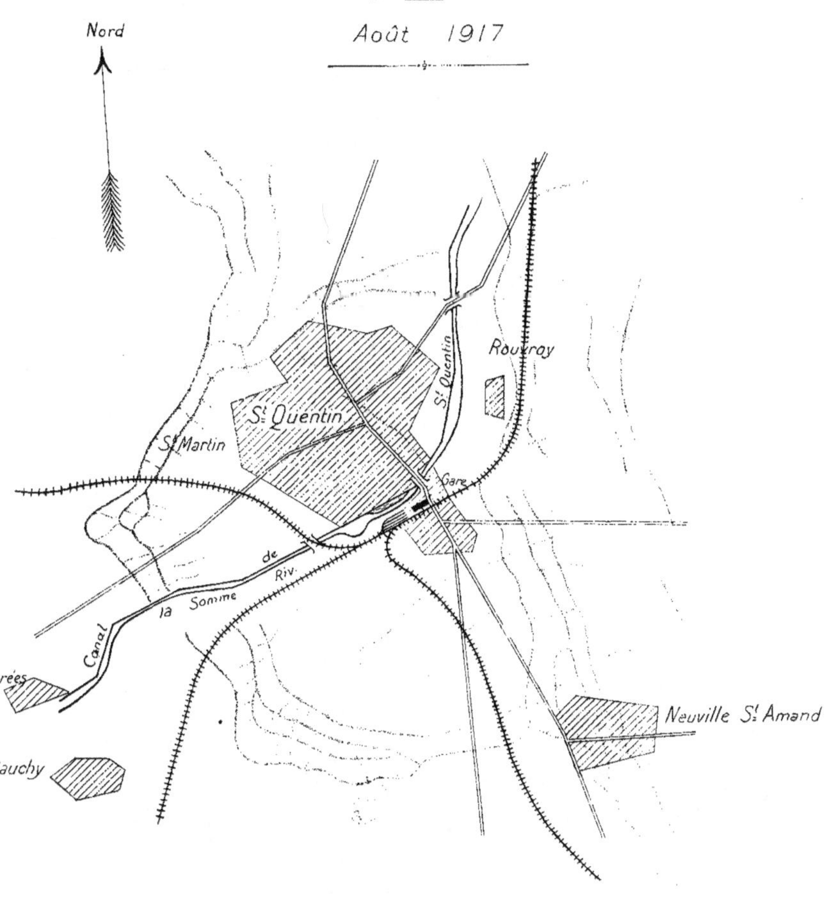

Echelle : 1 / 50.000

OBSERVATOIRE ALLEMAND
Pigeonnier des fermes rouges
près de Verpillières

Elèvation

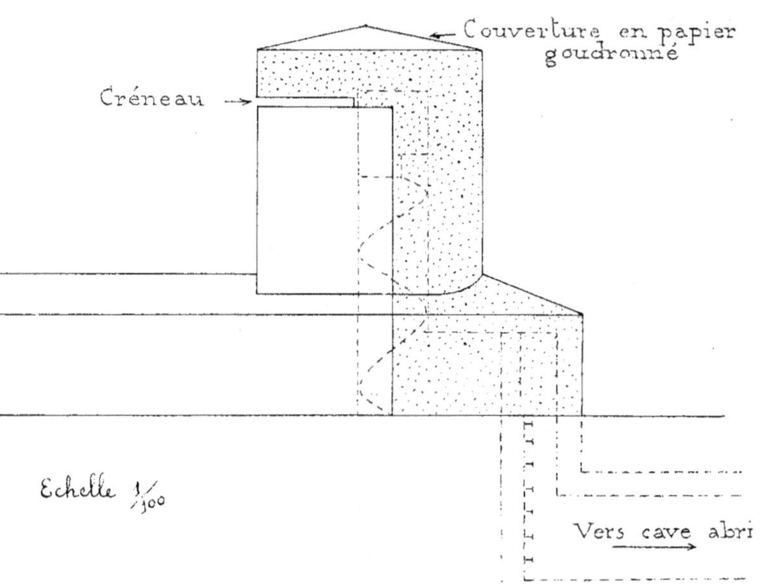

Plan

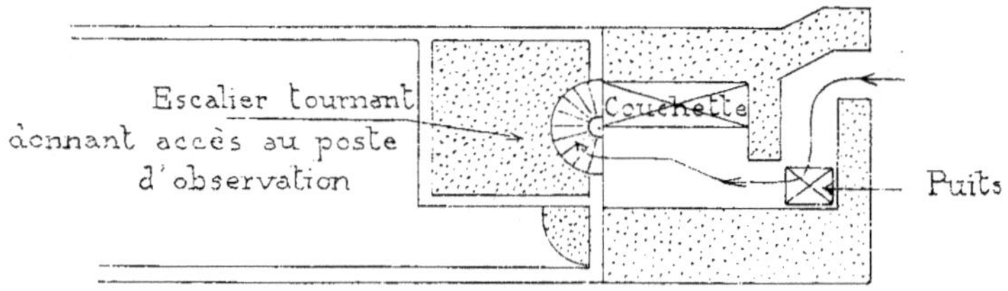

Croquis extrait du Rapport du Commandant Guéniot sur l'Organisation défensive allemande entre Roye et l'Oise

Schéma d'utilisation de bois traversant
des positions pour le débouché de contre-attaques

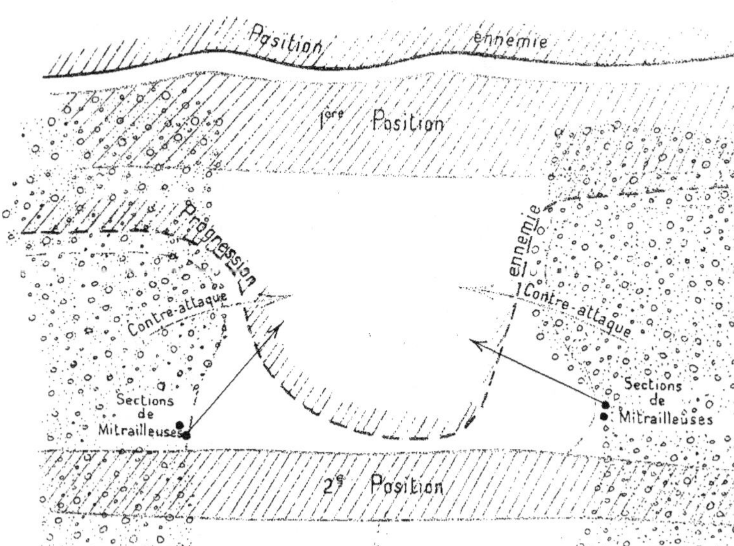

Construction d'une Section de Mortiers de 58

1ère Phase

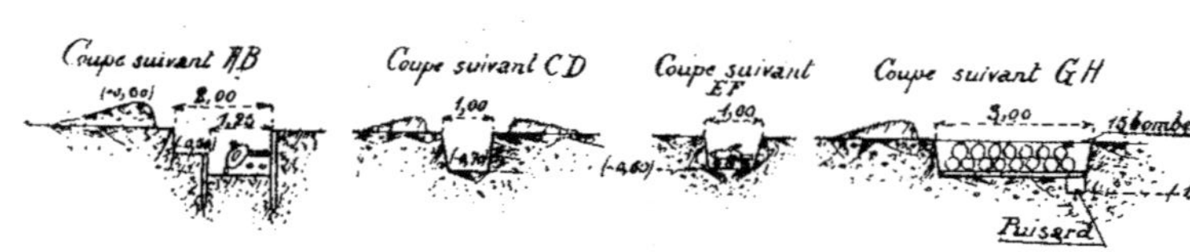

Construction d'une Section

de Mortiers de 58

2ᵉ Phase

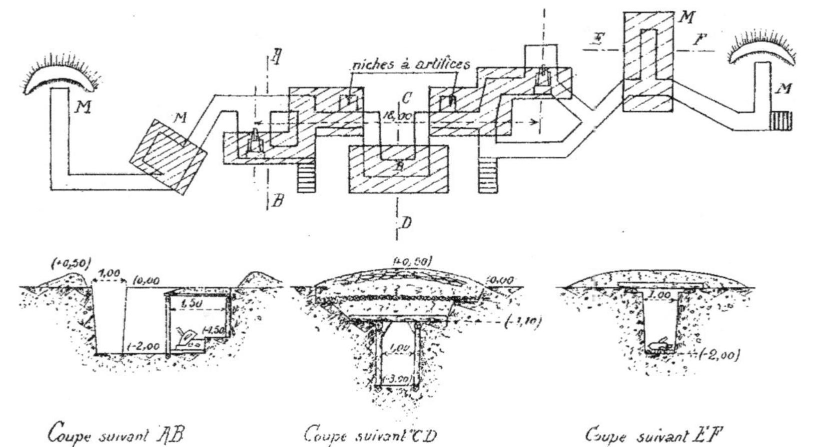

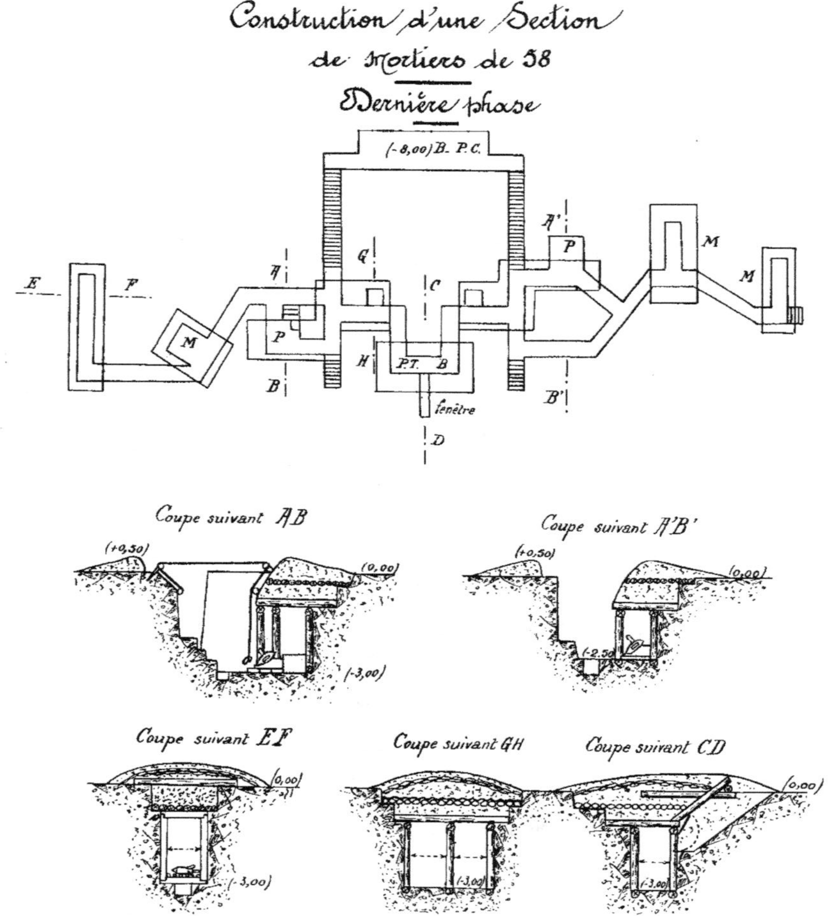

Construction d'une Section
de Mortiers de 58
Dernière phase
Croquis n° 44
(-8,00) B. P. C.
E
F
A
A'
B
B'
G
C
P
P
M
M
M
H
P.T.
B
fenêtre
D
Coupe suivant AB
(+0,50)
(0,00)
(-3,00)
Coupe suivant A'B'
(+0,50)
(0,00)
(-2,50)
Coupe suivant EF
(0,00)
(-3,00)
Coupe suivant GH
(-3,00)
Coupe suivant CD
(0,00)
(-3,00)

Mortiers de 240 T

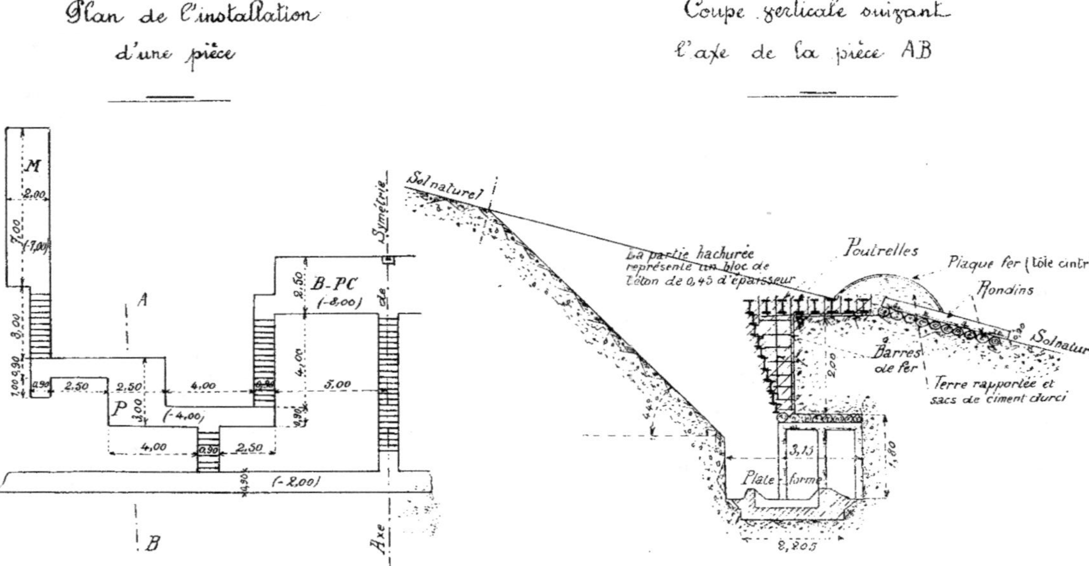

Casemate en rondins et terre
pour Canon de Campagne

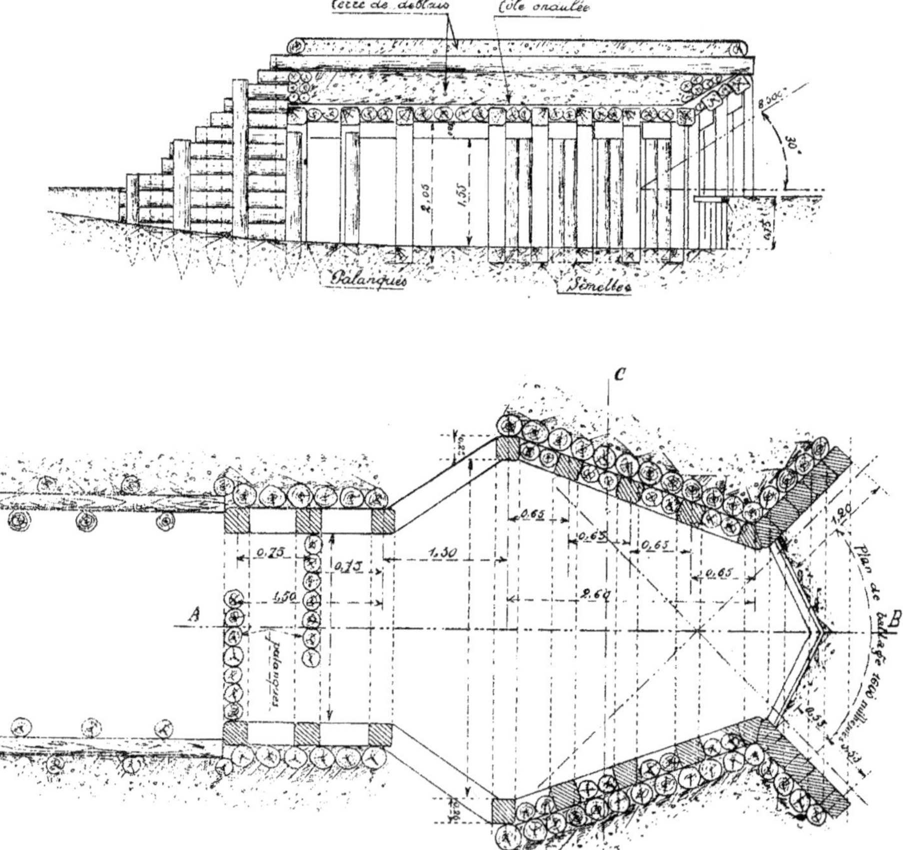

Casemate
pour
Canon de Campagne

Type moyenne protection

Coupe Longitudinale

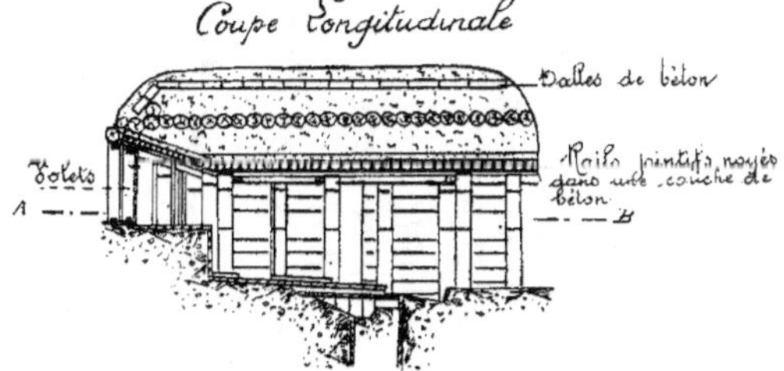

1/2 Coupe AB

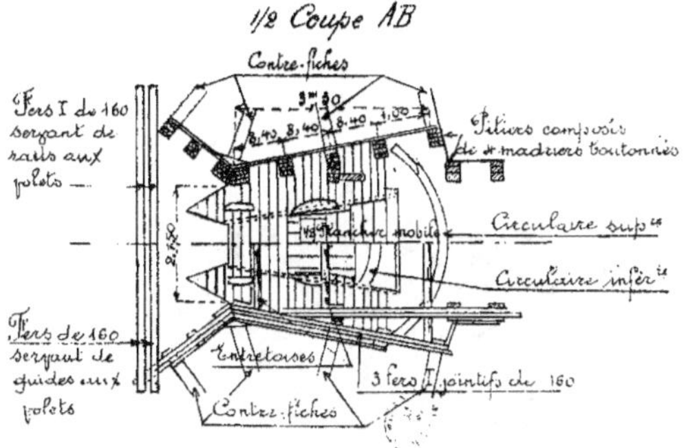

1/2 Vue en Plan
la couverture étant supposée enlevée

CASEMATE BETONNÉE ALLEMANDE
POUR UNE PIÈCE DE CAMPAGNE

$$\frac{1}{100}$$

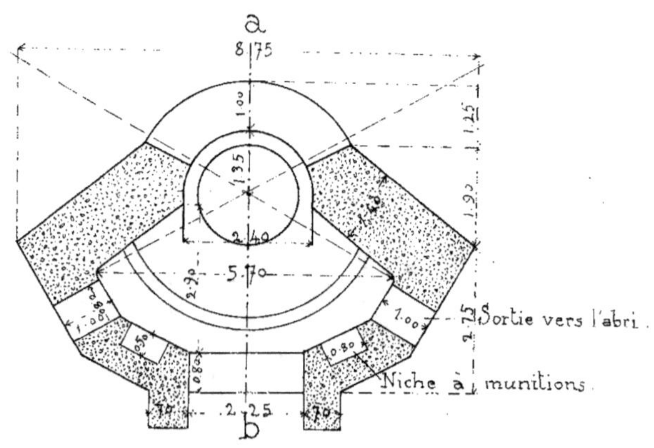

Plan

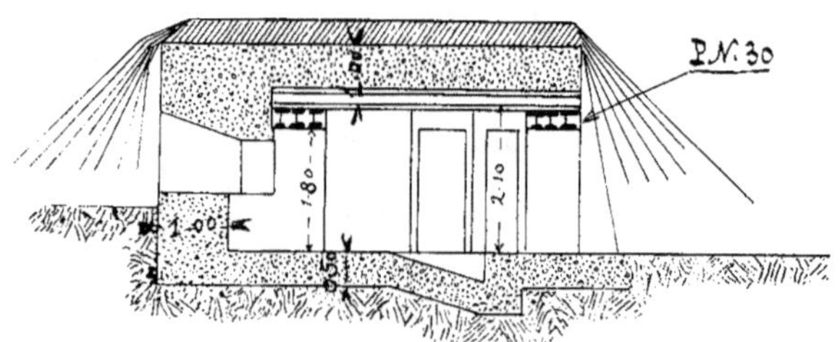

Coupe suivant a b

BATTERIE BETONNEE ALLEMANDE
DANS LA REGION DE NAMPCEL

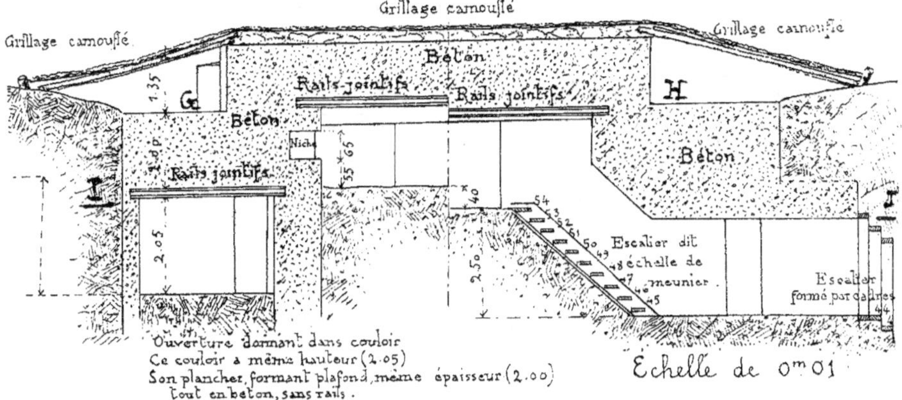

Coupe verticale AB   Coupe verticale CD

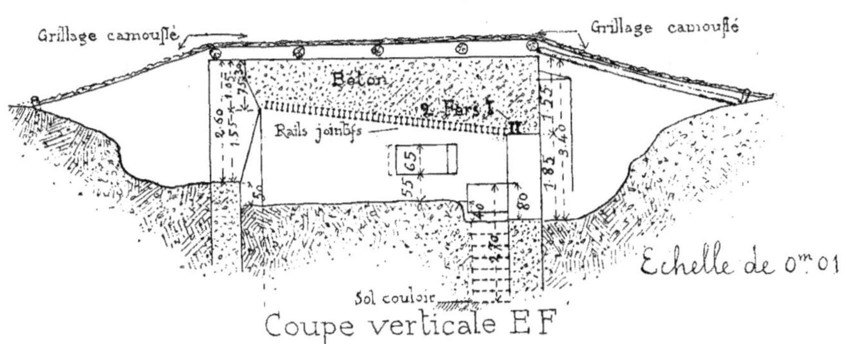

Coupe verticale EF

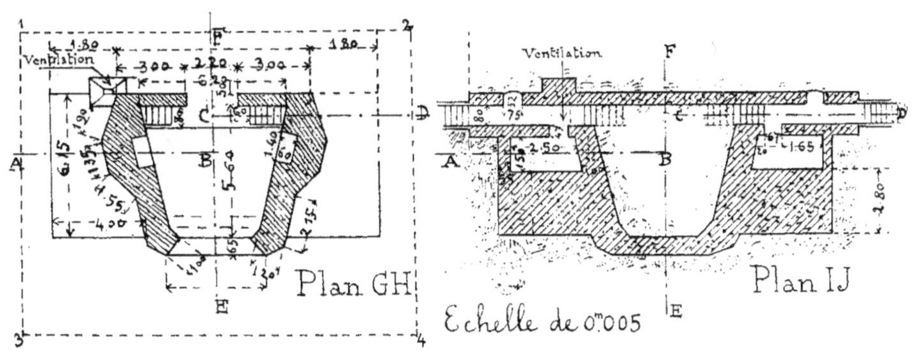

Détails d'Abris à munitions

Bancs pour munitions

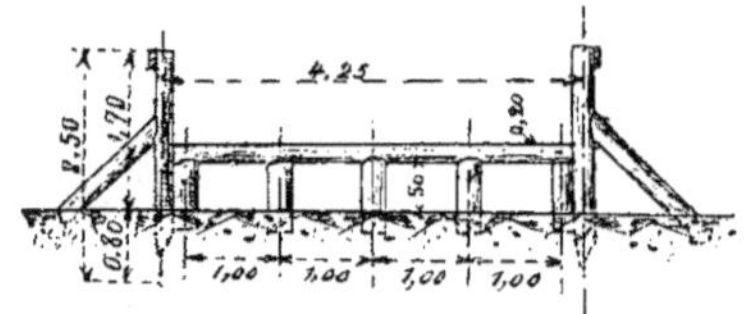

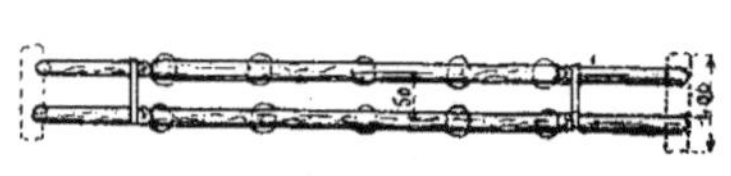

Niche à munitions

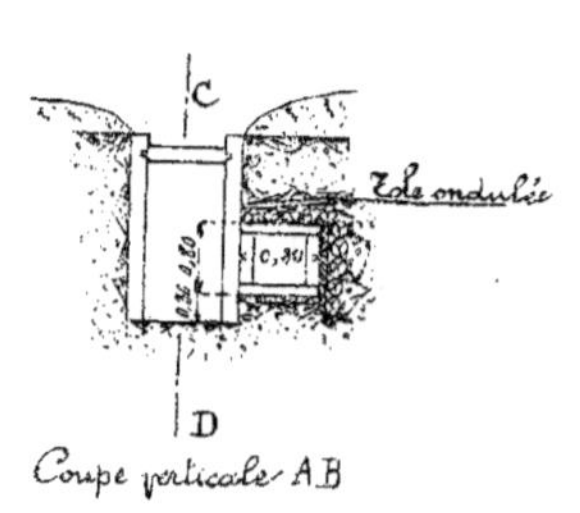

Coupe verticale AB

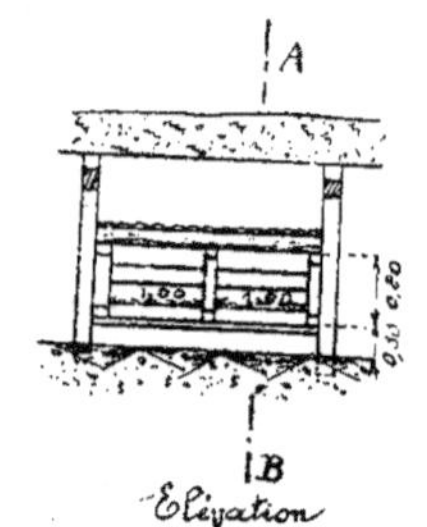

Élévation

Abri de transformation des charges

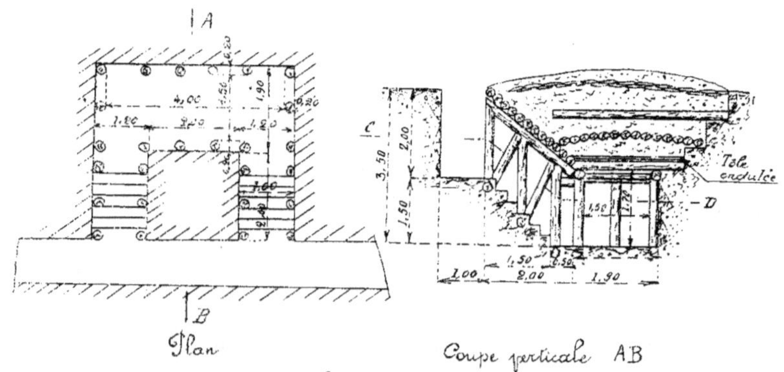

Plan

Coupe verticale AB

Echelle 1/100

Dépot de munitions
Abris de Batterie

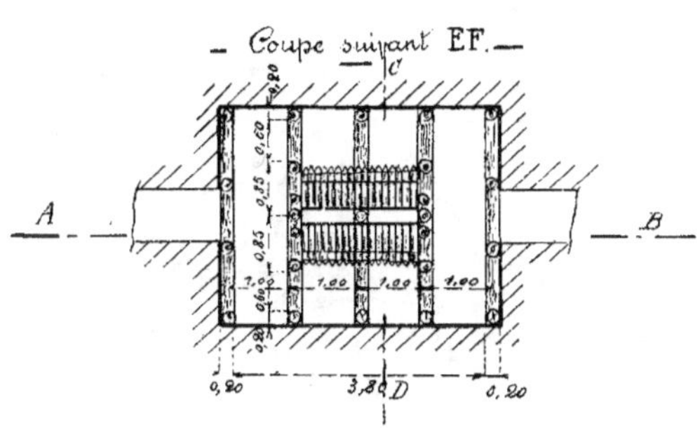

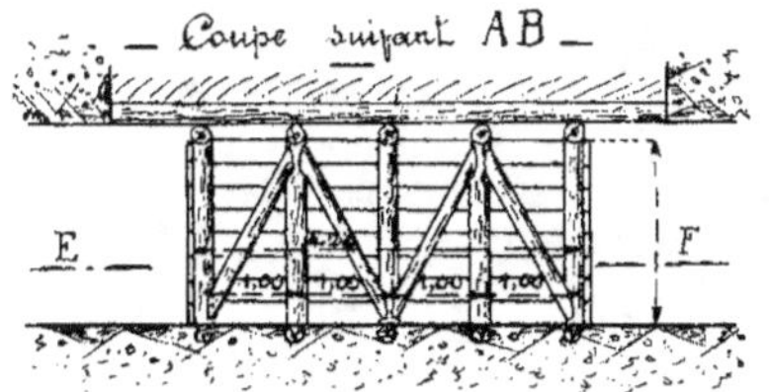

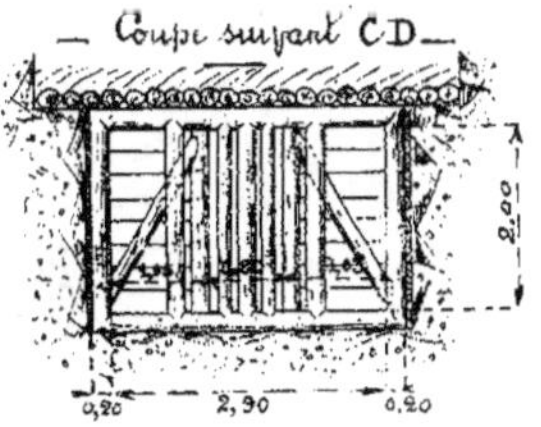

_ Type à double couloir _

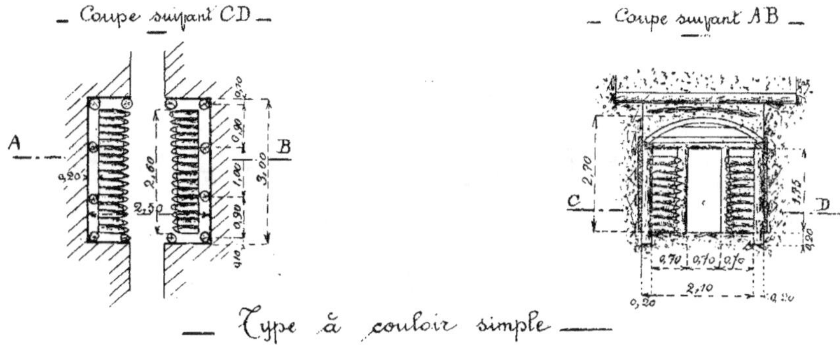

_ Type à couloir simple _

Observatoire
à moyenne protection

— Coupe suivant A B —

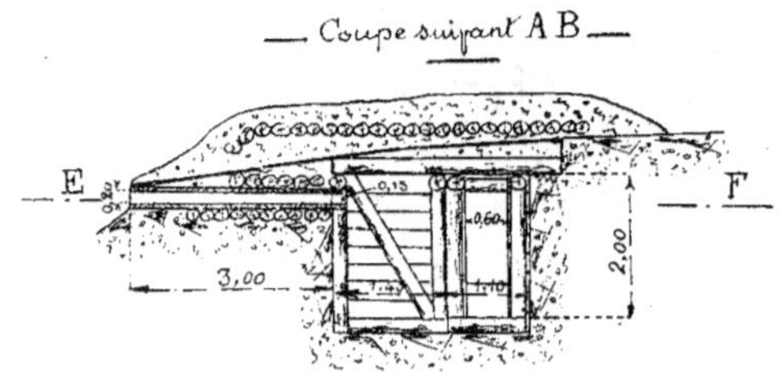

— Coupe suivant C D —

— Coupe suivant E F —

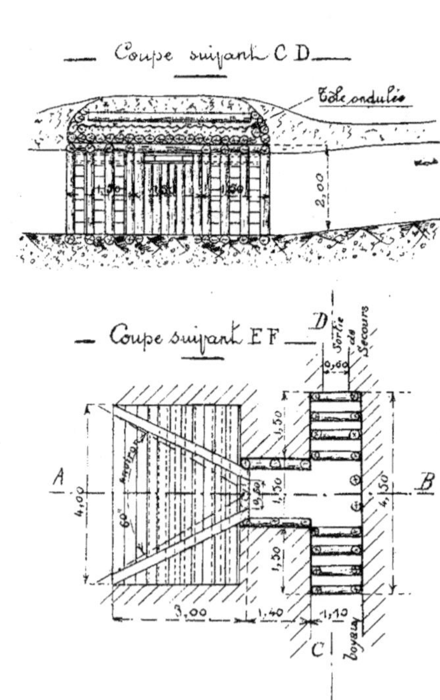

P. C. de Groupe

P. C. avec Observatoire

et poste optique

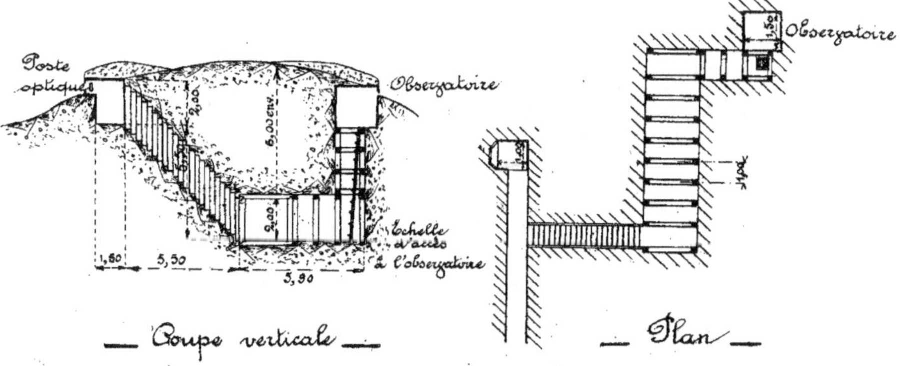

P. C. avec poste de T.S.F.

et poste optique

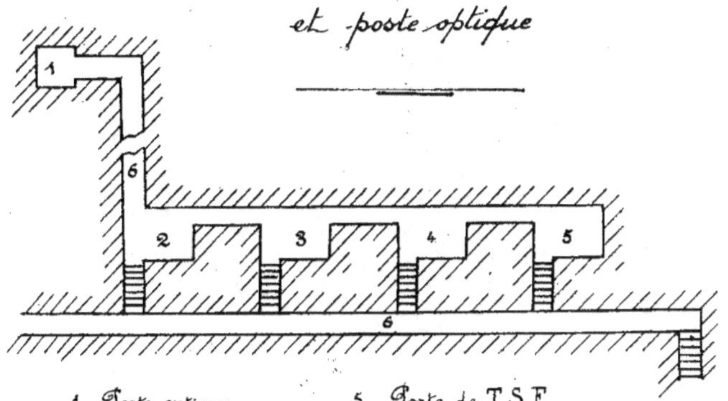

1	Poste optique	5	Poste de T.S.F
2	Poste téléphonique	6	Boyaux couverts
3	Bureau de tir		
4	Secrétariat		

Batterie de Campagne
à fouille découverte
à double parallèle

— Echelle 1/200 —

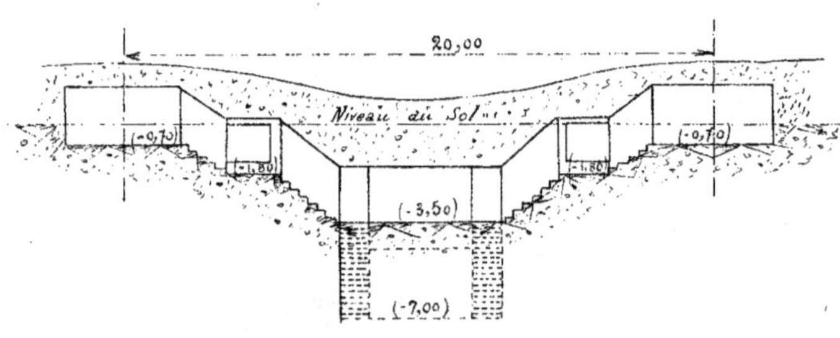

— Coupe verticale suivant AB —

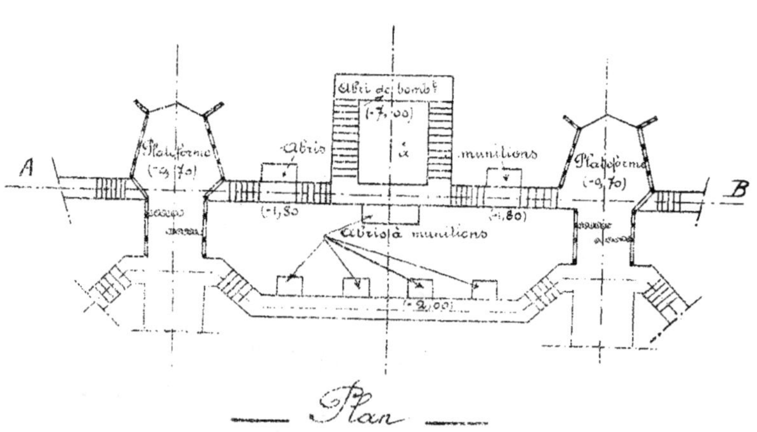

— Plan —

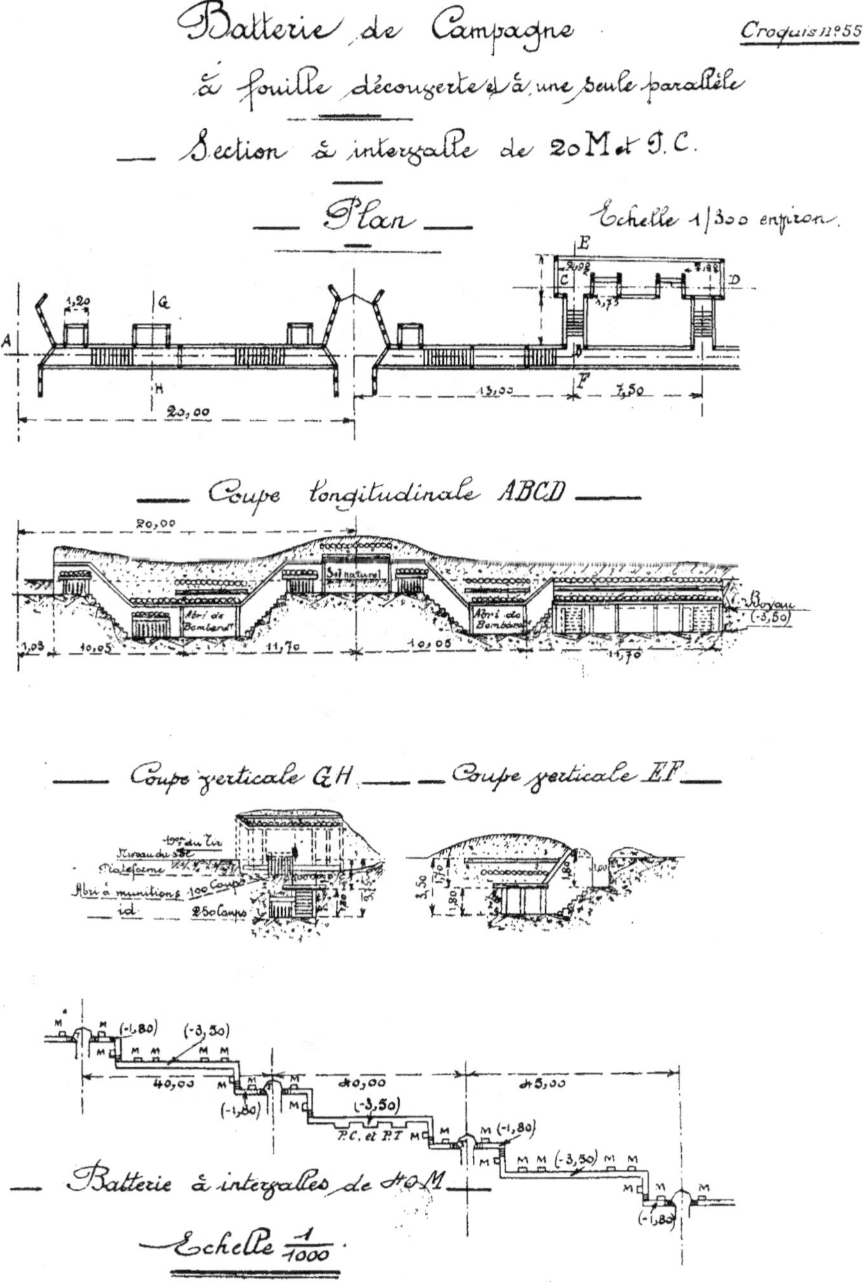

Batterie de Campagne
Croquis n°55
à fouille découverte & à une seule parallèle
Section à intervalle de 20 M et I.C.
Plan
Echelle 1/300 environ.
E
C
D
A
G
1,20
H
20,00
13,00
7,50
Coupe longitudinale ABCD
20,00
Sol naturel
Abri de Bombard.
Abri de Bombard.
Boyau (-3,50)
1,03
10,05
11,70
10,05
11,70
Coupe verticale GH
Coupe verticale EF
Plan de Tir
Niveau du sol
Plateforme
Abri à munitions   100 Coups
id   250 Coups
3,50
1,80
M
(-1,80)
(-3,50)
40,00
40,00
45,00
(-1,80)
(-3,50)
P.C. et P.T
M (-1,80)
M M (-3,50) M M
(-1,80)
Batterie à intervalles de 40 M
Echelle 1/1000

Batterie de Campagne
en galerie de mine

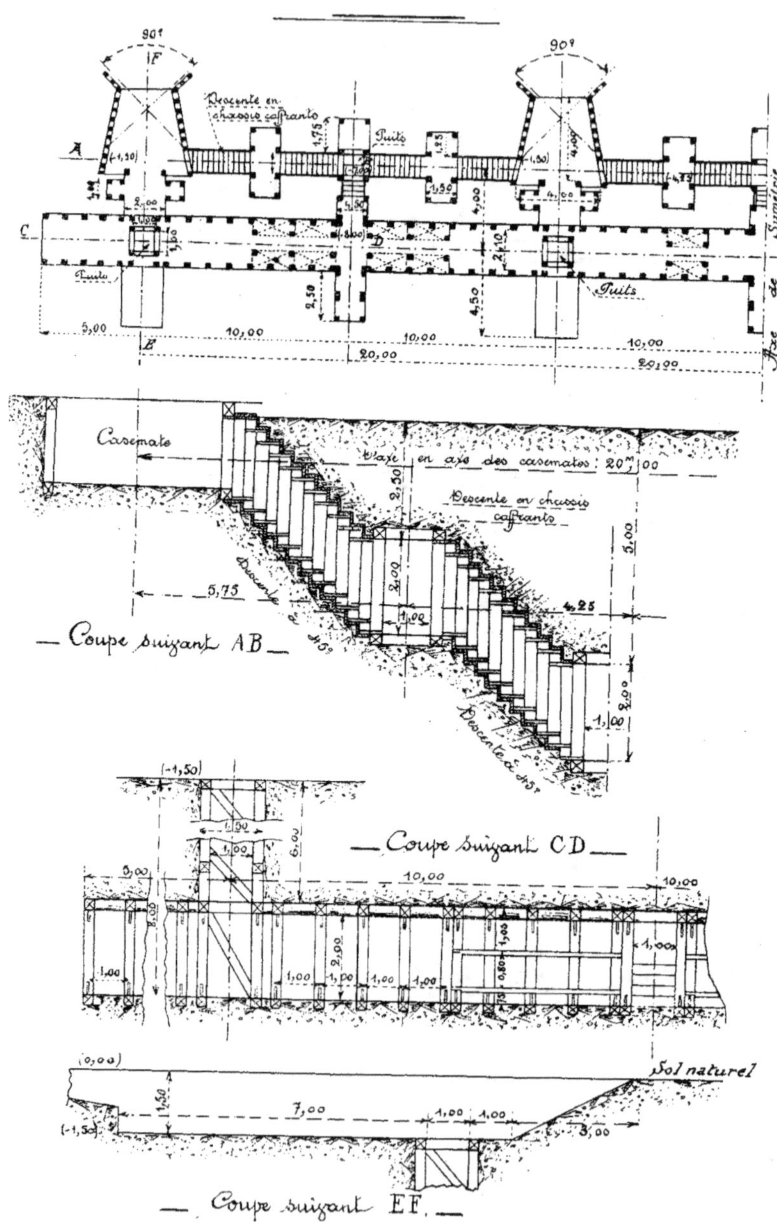

— Coupe longitudinale suivant AB, BC, CD —

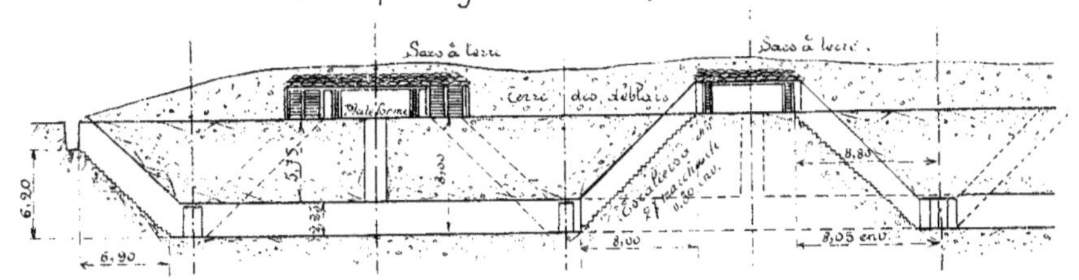

Coupes transversales

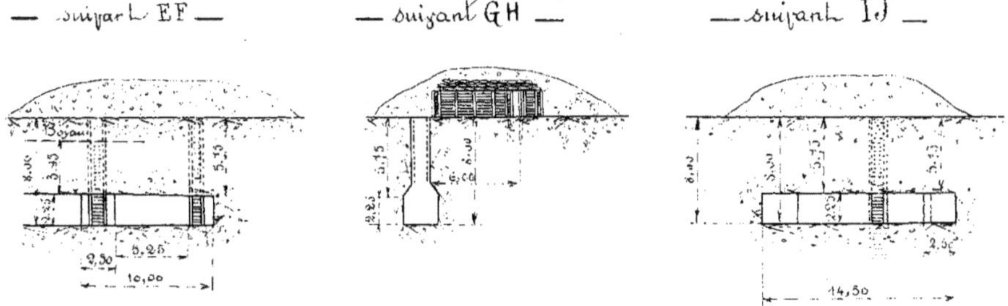